JESUS
& PETER

JESUS
& PETER

ⓒ 나사로, 2024

초판 1쇄 발행 2024년 1월 29일

지은이   나사로
펴낸이   이기봉
편집   좋은땅 편집팀
펴낸곳   도서출판 좋은땅
주소   서울특별시 마포구 양화로12길 26 지월드빌딩 (서교동 395-7)
전화   02)374-8616~7
팩스   02)374-8614
이메일   gworldbook@naver.com
홈페이지 www.g-world.co.kr

ISBN   979-11-388-2734-8 (04230)
ISBN   979-11-388-2733-1 (세트)

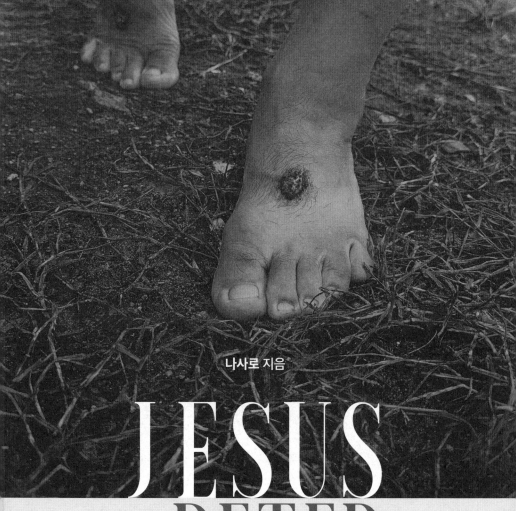

The Most Biblical Jesus Drama

나사로 지음

JESUS
& PETER
예 수 님 과 베 드 로

좋은땅

목
차

제1막

제자

AD 26년 10월경 예수님 실질 나이는 30세쯤 되셨으나 어머니와 일곱여 동생들을 돌보는 소년 가장으로서 일찍부터 목수 일로 많은 고생하시며 생긴 깊은 주름들과 희끗희끗한 머리와 수염에 품위와 권위가 있으셔서 겉모습은 50세쯤 보이셨고 당시 남자의 긴 머리는 수치이므로 짧은 머리이셨다.

예수님께서 40일 동안 광야에서 금식하시며 사탄의 온갖 시험들을 다 이겨 내시고 베다니로 가셨다. 그때 세례 요한은 베다니에서 가까운 요단강 강가에서 자신을 따르는 제자들에게 예수님에 대해 말하고 있었다.

세례 요한이 하늘을 바라보며,

"주님께서 내게 그리스도께서 오실 길을 예비하라 하셔서 난 많은 사람에게 물세례를 주며 그리스도를 기다려 왔다.

그러던 어느 날 예수님께서 내게 오셔서 세례받으신 후 기도하실 때 하늘로부터 성령이 비둘기 모양으로 예수님께 내려오는 것을 많은 사람과 함께 보았다.

그리고 하늘로부터, '이는 내가 기뻐하고 사랑하는 아들이다!'라는 주님 음

성이 있었다.

그래서 나와 많은 사람은 매우 놀라며 예수님을 주시하였는데 그때 예수님께서 순간 사라지셨다.

그리고 얼마 후 예수님께서 광야에 계시다고 들었다."

세례 요한이 제자들에게 말하다가 멀리서 베다니 쪽으로 가시는 예수님을 보고 크게 기뻐하며 제자들에게,

"보라! 저분이 세상 죄를 지고 가시는 하나님의 어린 양이시다!

나도 이전에는 저분이 그리스도이심은 알지 못했다.

주님께서 내게 말씀하시길, '성령이 내려와 어떤 사람 위에 머무는 것을 보면 너는 그가 성령으로 세례 주는 그리스도인 줄 알라!'고 하셨다.

그러므로 내가 직접 보고 저분이 하나님 아들이심을 증언하는 것이다!"

세례 요한이 안드레와 요한에게,

"저분이 바로 하나님의 어린 양이시니 너희는 얼른 저분을 따라가라."

세례 요한의 말을 듣고 안드레와 요한은 예수님께 와서 정중히 인사드리며,

"선생님, 저희는 세례 요한이 선생님을 따르라고 해서 왔습니다."

예수님께서 그들을 자상하게 보시며,

"너희가 내게 원하는 것이 무엇이냐?"

"어디에 머무시는지요?"

"나를 따라와서 보아라."

그들은 예수님을 따라가서 베다니의 한 집에 머물게 되었는데 오후 4시쯤이었다. 그 집에는 큰 마당과 여러 방이 있고 세례 요한의 예수님에 대한 증언으로 은혜를 받은 나사로와 그의 여동생 마르다, 마리아가 살고 있었다.

다음 날 아침 일찍 안드레가 일어나서 예수님께 인사드리며,
"선생님, 안녕히 주무셨어요?
저는 예루살렘에 있는 제 형에게 얼른 다녀오겠습니다."

예수님께서 웃으시며,
"그래, 안드레야, 너도 잘 잤느냐?
그런데 이른 아침부터 왜 그렇게 서둘러서 네 형에게 가려고 하느냐?"

안드레가 기쁜 마음으로 예수님께,
"마침 초막절을 지내려고 예루살렘에 와 있는 제 형은 그리스도 오심을 간절히 기다렸습니다.
제가 주님께서 그리스도이심을 알았으니 제일 먼저 이 기쁜 소식을 형에게 알려야지요!"

안드레가 서둘러 예루살렘으로 갔는데 베다니에서 예루살렘까지는 빠른 걸음으로 30여 분 걸렸다.

안드레가 형인 시몬을 만나 밝은 얼굴로,
"형! 내가 드디어 그리스도를 만났어!"

시몬이 깜짝 놀라며,
"뭐라고? 네가 그리스도를 만났다고?
네가 늘 따라다니던 세례 요한을 말하는 것이냐?"

안드레가 손을 저으며,
"아니야, 세례 요한이 하나님의 어린 양이라고 증언한 예수라는 분이야.
어제 그분을 뵙고 하루를 같이 지내며 자세히 지켜보니 그분이 그리스도가
틀림없어!"

시몬이 고개를 갸우뚱거리며,
"어떻게 하루만 보고 그분을 알 수 있다는 말이야?"

안드레가 고개를 저으며,
"내가 말로는 어떻게 설명할 수 없어도 그분이 그리스도이심은 확실해."

시몬이 자리에서 일어나며,

"그렇다면 내가 가서 직접 확인해보는 것이 좋겠다.
그분이 계시다는 베다니로 어서 가 보자!"

그들이 서둘러서 베다니로 떠날 때 예수님께서는 베다니 입구로 가셨다.

요한이 집을 나가시는 예수님께,
"주님, 이 아침에 어딜 가시는지요?"

"안드레가 형과 이곳에 오고 있어 마중 나가는 길이다."

"안드레가 자기 형과 함께 이곳으로 오고 있다고요?
그렇다면 집에서 기다리시면 되실 텐데요."

"내가 마을 입구에서 그들을 만나고 싶어서 그렇다."

예수님께서 앞으로 그들과 많은 일을 함께하실 것을 미리 아시기에 기쁜 마음으로 베다니 입구에서 기다리셨다.

얼마 후 예수님께서 그들을 먼저 알아보시고 빠른 걸음으로 가서서 반갑게 맞으시며,
"안드레야, 이 아침에 예루살렘까지 빨리도 다녀왔구나."

예수님께서 시몬을 보시며 반가우신 목소리로,
"네가 바로 요한의 아들 시몬이구나!"

시몬이 깜짝 놀라 인사드릴 겨를도 없이,
"어떻게 제 이름을 아시나요…."

시몬이 예수님께 말씀드리며 안드레가 미리 얘기한 것이 아니냐는 듯이 안드레를 보니 안드레가 아니라고 고개를 절레절레 저었다.

예수님께서 시몬 손을 잡으시며,
"내가 네 이름을 모르면 누가 알겠느냐?
시몬아, 앞으로 네 이름을 베드로라 불러도 괜찮겠느냐?"

시몬이 안드레를 보고 예수님을 보며 머리를 긁적이면서,
"아, 네, 선생님께서 원하시면 그리 하시지요…."

"그래, 고맙다. 자, 어서 집으로 가서 뭐라도 좀 먹자."

예수님과 베드로, 안드레가 함께 집으로 오니 요한이 반갑게 맞이하자 베드로가,
**"요한, 너도 여기 와 있었구나.
네 형도 예루살렘에 와 있던데 이곳으로 부르질 않고?"**

베드로가 요한에게 얘기하면서 자기 말이 자랑스러운 듯 예수님을 보니 예수님께서 웃으시며,

"그래, 요한아, 네 형도 함께하면 참 좋겠구나."

요한이 겸연쩍게 머리를 긁으며,

"허허, 저도 안드레처럼 아침 일찍 형을 데리러 갈 것을 잘못한 것 같습니다…."

요한 말에 예수님과 모두가 함께 웃었다. 요한은 곧바로 예루살렘으로 가서 형 야고보를 데리고 왔고 예수님께서 야고보를 보고 기뻐하셨다.

예수님께서 웃으시며,
"자, 이제 초막절도 끝나가니 우리도 갈릴리로 돌아가자.
내가 거기서 빌립을 만나야겠다."

베드로가 깜짝 놀라며,
"저희 고향 사람 빌립을 말씀하십니까?"

"그렇다. 너와 안드레와 빌립은 모두가 고향이 벳새다가 아니더냐?"

**"아, 어떻게 그것까지 아시는지요?
빌립과 안드레는 가까운 친구입니다."**

"그거 잘됐구나, 자, 빌립을 만나러 가자…."

예수님께서 갈릴리 지방 가버나움 입구에서 빌립을 만나 반가워하시며,
"빌립아, 너도 이제부터 나와 함께 지내자."

예수님 말씀에 빌립이 베드로와 안드레를 보니 그들이 고개를 끄떡였다.

빌립이 상기된 표정으로,
"네, 선생님, 저도 선생님을 따르겠습니다."

예수님께서 그들을 자랑스럽게 보시며,
"내가 너희를 택한 것은 너희와 함께 이 땅에서 하늘에 계신 아버지 뜻을
이루기 위함이다."

베드로가 흥분하여,
"주님, 저희와 함께 아버지의 무슨 뜻을 이루려고 하시는지요?"

"누구든지 하늘에 계신 아버지와 그 아버지께서 보내신 나를 믿어 영생을
누리는 것이다."

예수님께서 앉으시며 제자들에게도 가까이 와서 앉으라고 하셨다.

제자들이 예수님을 중심으로 둘러앉으니,

"너희는 잘 새겨들어야 한다.

나는 복음을 전하기 위해 이 땅에 왔다.

내가 너희를 택한 것도 너희를 통해 온 세상에 복음을 전하기 위함이다.

복음이란, 내 말을 듣고 회개하는 자는 용서받고 영생을 얻는다는 큰 기쁨의 참 좋은 소식이다."

안드레가 궁금한 표정으로,

"주님, 세례 요한도 회개하라고 했는데 율법을 안 지킨 것을 회개하라는 말씀인가요?"

예수님께서 환히 웃으시며,

"하하, 안드레가 참 좋은 질문을 하는구나.

너희 모두는 잘 새겨들어야 한다.

옆집 아이가 말을 잘 듣거나 혹은 잘못해서 용서를 구한다고 자녀가 되고 가족이 되는 것은 아니다.

율법을 안 지킨 잘못을 고백하는 것도 중요하지만 잘못을 고백하면 용서하시는 하나님의 사랑과 긍휼을 진심으로 믿는 것이 더 중요하다.

아버지께서 보내신 나를 안 믿은 것이 잘못의 근원이라 생각하고 아버지께 용서를 구하는 것이 회개이다."

좀처럼 입을 떼지 않던 야고보가 용기 내어,

"주님, 하나님을 감히 아버지라 불러도 되는지요?"

예수님께서 일어나셔서 하늘을 보시고 제자들을 보시면서,
"나의 하나님이 너희 하나님이시고 나의 아버지가 너희 아버지이시다.
나는 내 아버지의 잃어버린 자녀들 곧 내 형제들을 찾기 위해 온 것이다.
믿음이란,
내 이름으로 하나님 자녀가 되는 것을 믿는 것이다.
소망이란,
내 이름으로 하나님 자녀가 바라는 것이다.
사랑이란,
내 이름으로 하나님 자녀가 서로 나누는 것이다.
내가 너희의 믿음이고 소망이고 사랑이다.
내가 아버지께 가는 유일한 길이요 아버지를 아는 진정한 진리요 아버지께
서 주시는 참 생명이다."

예수님께서 말씀을 마치시고 가버나움 집으로 가셔서 제자들과 함께
머무셨다. 예수님께서 식탁에 앉으시니 제자들도 모두 앉았다.

예수님께서 떡을 떼어 제자들에게 주시며,
"모두 긴 여행에 고생들 많았다.
오늘은 푹 쉬고 내일은 가나에 가 보자."

빌립이 뭔가 생각 난 듯,
"주님, 가나라고 하셨습니까?
지금 이곳 가버나움에 제 친구가 마침 와있는데 그의 고향이 바로 가나입니다.
늘 기도하는 친구인데 주님께 소개해 드리고 싶습니다."

"그거 잘됐구나. 그럼 그 친구에게 어서 다녀와라."

빌립이 일어나 친구 나다나엘을 찾아가니 나다나엘은 무화과나무 아래서 무릎 꿇고 엎드려 기도하고 있었다.

나다나엘이 간절한 목소리로,
"나의 주 하나님, 제 소원은 살아생전 그리스도를 뵙는 것입니다.
주님, 어서 오셔서 주님의 백성들을 돌봐주시고 죄로부터 구원해 주옵소서…."

기도하는 나다나엘에게 주님께서 말씀하시니,
"때가 차서 이제는 은혜의 날이요 구원의 날이니 너는 곧 나를 보게 될 것이다."

나다나엘이 주님 음성에 깜짝 놀라 주위를 두리번거리는데 마침 빌립이 왔다.

빌립이 나다나엘 손을 반갑게 잡으며,

"나다나엘! 드디어 자네가 그렇게 기다리던 그리스도를 내가 만났다네!"

나다나엘이 깜짝 놀라며,

"뭐라고, 자네가 그리스도를 만났다고?
누구신가? 어디에 계신 분이신가?"

"나사렛의 예수라는 분이시네."

나다나엘이 실망스러운 표정으로,

"가난하고 작은 마을인 나사렛이라고?
그리스도가 어찌 나사렛에서 나올 수 있다는 말인가?"

빌립이 답답해하며,

"내 어찌 말로는 잘 표현할 수 없으니 우리 함께 가서 그분을 만나 보세."

예수님께서 먼저 나다나엘을 알아보시고 반갑게 맞으시며,

"나다나엘, 네가 왔구나. 참 잘 왔다.
너는 마음이 진실한 참 이스라엘 사람이다."

나다나엘이 깜짝 놀라며,

"저는 선생님을 처음 뵙는 것 같습니다만 어떻게 저를 아시는지요?"

"빌립이 너를 찾아가기 전에 네가 무화과나무 아래서 기도하지 않았느냐."

예수님 말씀에 나다나엘이 그 자리에 엎드리며,
"주님은 하나님 아들이시며 이스라엘 왕이십니다!"

나다나엘의 갑작스러운 고백과 행동에 다른 제자들도 모두 당황하여
그 자리에서 무릎을 꿇었다.

예수님께서 그들을 일으키시며,
"하하, 내가 나다나엘이 이곳에 오기 전에 무화과나무 아래에서 기도한 것
을 안다고 그렇게들 놀라느냐?
너희는 앞으로 더 큰 일을 보게 된다."

베드로가 기대하는 눈으로 제자들을 보고 예수님을 보며,
"저희가 앞으로 더 큰 일을 보게 된다고요?
주님, 어떤 큰일을 저희가 보게 되나요?"

"너희는 잘 새겨들어야 한다.
이제껏 닫혔던 하늘이 활짝 열리고 하나님의 천사들이 내 위에서 오르락내
리락하는 것을 보게 된다."

"와우, 들은 적도 본 적도 없는 놀라운 일들입니다!

그런데 주님, 하늘은 늘 열려 있는데 다른 모습으로 열리게 되나요?
그리고 천사는 그냥 주님 곁에 있지 않고 왜 오르락내리락하는지요?"

"아담이 죄를 짓자 죄의 노예가 되었고 하늘에는 많은 변화가 일어났으며
마귀는 이 세상의 권세자가 되었다.
하늘이 악하고 어두운 세력들로 덮이게 되었다는 뜻이다.
그러므로 아버지께서 그 사악한 것들을 없애시고 너희에게 다시 주권을 주
시려고 수천 년을 기다리셨다가 때가 차서 나를 보내셨다.
내가 하나님의 어린 양으로서 아버지의 뜻을 이루어 막혀 있는 하늘을 열
면 너희는 내 이름으로 기도하고 천사들은 너희 기도를 가지고 하늘을 오
르락내리락할 것이다."

제자들은 예수님 말씀을 이해할 수가 없어서 서로 얼굴만 쳐다볼 뿐이
었다.

예수님께서 웃으시며,
"때가 되면 너희는 내 말들을 기억하고 이해하게 된다.
너희가 지금은 많은 것을 이해 못 해도 너희를 향한 아버지의 사랑은 천지
의 어떤 것도 막을 수 없고 아버지께서는 늘 너희를 지켜보고 계신다는 것
만은 잊지 말아라."

제2막

혼인

다음 날 예수님께서 이른 아침에 제자들을 깨우시며,

"자, 다들 일어나자, 오늘은 우리가 나다나엘 고향인 가나에 가야 한다."

베드로가 눈을 비비며,

"주님, 가나에서 누구라도 만나기로 하셨나요?"

"그곳 혼인 잔치에 초대받았는데 오늘이 잔치 마지막 날이니 우리가 꼭 가야 한다."

예수님의 어머니 마리아의 친지 혼인 잔치에 예수님도 초대받으셔서 예수님께서 제자들과 함께 잔치 마지막 날 가셨다. 당시 신랑·신부는 일주일 동안 친척들과 이웃들을 잘 대접함으로써 모두의 축복을 받으며 신혼살림을 차릴 수 있었다. 잔칫상 포도주는 혼인 잔치의 꽃으로 포도주가 좋고 나쁨에 따라 신랑·신부가 손님을 얼마나 잘 대접하는가를 나타냈다. 신랑 아담과 신부 하와는 아침 일찍부터 일어나 잔치 마지막 날을 준비하고 있었다.

아담은 하와가 사랑스러워 하와의 주위를 빙빙 돌며 흥에 겨워서,
"하와, 오늘만 잘 마치면 우리 둘만의 행복한 시간이 시작되는 거야!"

하와가 아담을 따라 좌우로 고개 돌리며,
"아담, 끝까지 포도주를 잘 준비하라고 하인들에게 단단히 말해 둬야지 잔치 마지막 날에 포도주가 떨어지면 큰일 나요."

아담이 하와 손을 잡으며,
"포도주가 충분한 것 같지 않아도 어떻게 잘될 거야."

그때 연회장이 집에 들어오며,
"신랑, 신부, 오늘만 잘 마치면 되니 끝까지 잘해 보자고!
혹 포도주가 모자랄 경우를 생각해서 여분의 돈도 좀 준비해 두고."

신랑이 뒷머리를 긁으며,
"저희에게 여분의 돈이 없습니다만…."

연회장이 손을 절레절레 저으며,
"아냐, 아냐, 잔치 마지막 날에 포도주가 떨어졌다간 자네들 신혼살림 꿈은 접어야 할 걸세.
으레 마지막 날에는 손님들이 취하기 마련이니 싼 포도주라도 적당히 준비하게."

시간이 되니 이곳저곳에서 손님들이 아담 집으로 들어왔다. 문 앞에서 아담과 연회장은 손님을 맞이했고 문을 들어서면 좌우 양쪽에 손발 씻을 물을 담아놓은 물동이들이 있었다. 두 하인이 좌우에 서서 들어오는 손님들에게 물을 떠주었다. 그런데 시간이 지나면서 잔칫상에 포도주가 떨어지자 여기저기서 손님들이 불평불만 하는 소리가 점점 커지기 시작했다.

손님들이 술 취해 큰 소리로,
"잔칫상에 포도주가 없다니 뭐 이런 경우가 다 있어!"

"신혼살림은 아예 생각이 없는 모양이군."

연회장이 구석으로 신랑을 불러 불쾌한 표정으로,
"신랑, 이 무슨 낭패요.
벌써 포도주가 떨어지면 어떻게 하자는 말인가?"

아담이 쩔쩔매며,
"이 많은 사람이 마실 포도주를 살 돈이 없습니다⋯."

하와는 한쪽 방에서 울며,
"아, 어떻게 결혼잔치 마지막 날에 이런 일이 있는가⋯.
하나님, 도와주세요. 하나님, 제발 어떻게 좀 해 주세요."

Jesus & Peter

친지 중 어른이 되는 마리아가 어찌할 바를 모르고 쩔쩔매는 아담에게
가서,
"아담아, 내가 예수님께도 꼭 오시라고 부탁드렸다.
그분만 오시면 되니 너무 걱정하지 말아라."

마리아는 조급한 마음에 문 입구로 가서 예수님을 기다렸다. 마침 그
때 예수님께서 제자들과 함께 잔칫집에 도착하셨다.

마리아가 모두를 반갑게 맞이하며,
"어서들 오세요, 어서들 오세요.
이곳까지 먼 길을 오시느라 수고들 참 많으셨습니다."

마리아가 예수님 손을 잡으며,
"그런데 주님, 큰일 났습니다.
잔칫상에 포도주가 다 떨어져 난리입니다.
주님께서 어떻게 좀 해 주셨으면 합니다."

예수님께서 제자들을 돌아보시고는 마리아에게,
"어머니, 아직 저의 때가 아니질 않습니까?
그리고 제가 관여할 일은 아닌 것 같습니다."

그러나 마리아가 애절한 눈으로 예수님을 바라보니 예수님께서 주위

를 둘러보시고는 고개를 끄떡이셨다.

그러자 마리아가 환하게 웃으며 문 입구 좌우에서 물동이 3개씩을 맡은 하인들에게,
"너희는 이분께서 하시는 말씀을 잘 듣고 무조건 그대로 순종해야 한다."

마리아 태도에 제자들은 무슨 뜻인가 싶어 서로의 얼굴을 쳐다봤고 하인들은 투덜거렸다.

한 하인이 혼잣말로,
"포도주가 다 떨어져서 난리인데 손님들은 더 오다니 이 일을 어쩌나…."

예수님께서 하인들을 보시며,
"걱정하지 말고 우선 물동이마다 물을 채워 보아라."

하인들이 서로를 보며 어처구니없는 표정으로,
"이 난리에 더 많은 손님이라도 데리고 오려고 물동이에 물을 채우라고 하는 건가?"

예수님께서 수군거리는 하인들을 자상하게 보시니 예수님과 눈이 마주친 한 하인이 다른 하인에게,
"저분은 뭔가 달라 보이니 시키는 대로 해 보세."

하인들은 열심히 물을 날라 제법 큰 6개 물동이에 물을 가득 채웠다. 그동안 예수님께서는 입구에서 하인들이 물 나르는 모습을 흡족하게 지켜보셨다.

하인들이 물을 가득 채우자 예수님께서 한 하인에게 빈 잔을 건네시며,
"수고들 참 많이 했다.
그 잔으로 물동이 물을 떠서 연회장에게 갖다 드려라."

하인이 깜짝 놀라 어찌할 바를 모르며 주저하자 예수님께서 그를 격려하시며,
"너는 내가 시키는 대로만 하면 된다.
혹 연회장이 뭐라 하면 내가 시켰다고 해라."

하인이 잔으로 물동이 물을 떠서 집 안쪽에 있는 연회장에게 가면서 불안한 마음에 예수님을 뒤돌아보니 예수님께서 손짓으로 가라 하시며 고개를 끄떡이셨다.

하인이 연회장에게 가서 조심스럽게 잔을 건네며 예수님을 가리키면서,
"연회장님, 저, 저기 서 계신 예수라는 분이 이 잔을 갖다 드리라고 했습니다…."

연회장이 의아한 표정으로 하인이 주는 잔을 받는 순간 잔 안의 물은

붉은 포도주로 변했다.

연회장이 이상하다는 듯 고개를 갸우뚱거리며 서 계신 예수님과 하인
을 번갈아 보면서,
"포도주가 다 떨어졌다고 하더니 용케도 구해 왔구나.
손님들에게 내기 전에 어떤 포도주인가 맛 좀 보자."

연회장이 포도주를 한 모금 마시고는 깜짝 놀라며,
"이런, 이런, 세상에 이렇게 맛있는 포도주가 다 있다니!
아니 이렇게 맛있는 포도주를 어디서 구해온 것이냐?"

하인이 어리둥절해 대답을 못 하고 머뭇거리자 연회장은 옆에서 가슴
졸이며 이 일을 지켜보던 아담에게,
"아니 이럴 수가, 신랑!
신랑은 언제 이렇게 맛있는 포도주를 준비했소?
보통 처음에 좋은 포도주를 내고 손님들이 취하면 그보다 못한 포도주를
내는데 말일세!
이런 맛있는 포도주를 잔치 마지막 날에 내다니!"

아담도 깜짝 놀라 예수님 쪽을 보니 예수님께서 하와가 울고 있는 방
으로 가고 계셨다.

예수님께서 하와를 불러 손을 잡고 아담이 있는 쪽으로 걸어오시며,
"하와야, 이젠 안심해도 된다.
네 눈물을 하나님께서 받으셔서 은혜를 베풀어 주셨다."

예수님께서 하와 손을 잡고 아담에게 오시는 모습은 마치 하나님께서
천지를 창조하시던 여섯째 날 해 질 무렵 노을빛을 배경으로 하와를
아담에게 데리고 오시는 모습 같았다.

예수님께서 얼떨떨해 있는 아담에게 하와를 건네시며,
"아담아, 왜 그렇게 서 있기만 하느냐?
어서 하와를 위로하고 포도주를 손님들에게 갖다 드려야 하지 않겠느냐?"

"아, 네, 그렇게 해야지요. 네, 그렇게 하겠습니다⋯."

하인들이 서둘러 새 포도주를 손님들에게 갖다 주니 이곳저곳에서 즐
거워하는 소리가 들리기 시작했다. 아담과 하와도 크게 기뻐하며 하인
들을 따로 불러 어떻게 된 일인지 상세히 물어봤다. 연회장은 물이 변
하여 포도주가 된 것은 모르고 단지 예수님께서 포도주를 준비해 주셨
다고 생각했다.

연회장이 예수님께 와서 정중히 인사드리며,
"선생님, 여러 해 연회장 경험에 이런 일은 처음입니다. 이렇게 맛있는 포

도주를 잔치 마지막 날에 마시다니요!

신랑·신부도 십년감수했고 저도 체면을 지킬 수 있어서 참 감사드립니다."

아담과 하와도 예수님께 와서 몇 번이고 인사드리며,

"예수님, 감사합니다, 정말 감사합니다.

하인들에게 어떻게 된 일인지 듣고서 깜짝 놀랐습니다.

하나님께서 저희를 불쌍히 여기셔서 예수님을 저희에게 보내 주셨습니다."

예수님께서 아담과 하와의 손을 잡으시며,

"너희가 이리도 기뻐하니 나도 참으로 기쁘다.

하나님께서 베푸신 은혜를 평생 기억하며 행복하고 건강하게 잘 살아야

한다."

마리아가 예수님께 와서 기쁜 얼굴로,

"주님께서 그 고생 중에도 동생들 무리한 부탁들을 늘 들어주시더니 제 부

탁도 들어주셔서 감사합니다.

이제야 아담과 하와는 혼인 잔치 잘 마치고 신혼살림을 차리게 되었습니다."

예수님께서 마리아 말에 웃으시며,

"어머니께서 하시는 말씀을 제가 안 들어드리면 누가 들어드리겠습니까?

어머니께서도 마음고생이 많으셨습니다."

아담이 다시 한번 예수님께 인사드리며,
"예수님, 정말 감사하고 또 많이 죄송합니다.
저희가 이렇게 귀하신 선생님을 오랫동안 문간에 서 계시게 하였습니다.
저희가 너무 부족하고 많이 무지했습니다."

"아니다, 너희가 이리도 기뻐하니 나도 참 기쁠 뿐이다."

마리아가 예수님과 제자들을 보면서,
"자, 어서 안으로 들어가서 앉으세요.
제가 얼른 음식을 준비해 오겠습니다."

예수님께서 환히 웃으시며 제자들을 돌아보시고,
"자, 이제 우리도 앉아서 먹도록 하자."

예수님 말씀에 모두 한 상에 둘러앉으니 하인들이 얼른 포도주를 가져
왔다.

베드로가 흥분하여 포도주잔을 들며,
"하하, 주님께서 이리도 기뻐하시니 저희도 기쁩니다.
주님 덕분에 잔칫집에 온 모든 사람은 행복해졌습니다."

안드레가 기뻐하는 사람들을 보고 웃으며,

"예수님! 예수님께서 이곳에 오시니 신랑·신부도 연회장도 술 취한 손님들도 하인들도 그리고 저희도 모두 처음보다 나중이 한결 좋아졌습니다. 마치 처음 포도주보다 예수님께서 주신 나중 포도주가 한결 나은 것같이 말입니다, 하하하….'

"그렇다, 안드레야, 아버지께서 보내신 나를 만나는 자는 나를 거부하지 않는 한 누구나 처음보다 나중이 좋아진다.
나를 믿는 자는 불평불만 가득한 이 세상에서도 사랑과 기쁨과 평안을 누리다가 나중에는 그 좋은 천국에서 더 행복하게 모두 다 잘 살게 된다."

요한이 행복하게 웃고 있는 신랑·신부를 보며,
"주님, 이제야 주님께서 왜 아침 일찍부터 서둘러서 이곳에 가자고 하셨는지 이해가 됩니다.
그런데 주님께서 이곳에 오셨을 때 이곳 사람들은 주님과 저희를 문간에 서 있게 할 뿐 그다지 예의를 갖추는 것 같지는 않았습니다."

예수님께서 웃으시며,
"잔칫집에 초대받아 왔는데 한동안 문간에 서 있었던 것이 꽤 서운했던 모양이구나.
나는 대접받거나 섬김을 받으러 이 땅에 온 것이 아니다.
나는 아버지께서 내게 맡겨 주신 하나님 자녀들을 섬기려고 왔다.
그들 행복이 아버지 영광이자 나의 행복이기 때문이다."

예수님께서 신랑·신부를 가리키시며,

"천진난만하게 웃으며 신부만 쳐다보고 있는 저 신랑의 모습을 보아라.

마치 창세 때 하와를 보고 '이는 내 뼈 중의 뼈요 살 중의 살이다!' 하며 기

뻐하는 아담 같지 않으냐?

아담과 하와가 그때 가졌던 순수한 사랑과 기쁨을 너희가 모두 서로 나누

게 하려고 나는 이 땅에 왔다."

제3막

성전

AD 27년 4월경 어느 날 아침 예수님께서 제자들과 함께 예루살렘에서 유월절을 지내시려고 가버나움을 떠나셨다. 이는 제자들과 함께 보내시는 첫 유월절이었다.

3일 길을 걸어 예루살렘 가까이 도착했을 때 예수님께서 예루살렘 성전을 보시고 한탄하시며,
"아, 내가 얼마나 여러 번 너를 품으려고 했던가!
하나님 은혜가 사람이 만든 관례와 전통과 돈 때문에 네게 가려져 있구나…."

예수님 얼굴에 눈물이 흘렀다.

예수님과 제자들이 성전 가까이 가니 성전 안에는 소와 양과 비둘기를 사고파는 사람들, 돈 바꾸는 사람들 소리로 시끄러웠다. 예수님께서 묵묵히 노끈을 꽈서 채찍을 만드신 후 묶여 있는 소들의 끈을 푸시고 채찍으로 모두 성전 밖으로 내쫓으셨다. 그리고 우리에 갇혀 있는 양들도 내쫓으셨고 비둘기를 파는 사람들, 돈 바꿔주는 사람들의 상들

도 모두 엎으셨다. 예수님의 갑작스러운 행동에 장사꾼들, 성전 지키는 군병들, 제사장들, 장로들, 모두 다 깜짝 놀랐다. 그러나 예수님께서 그리하시는 것을 모두 눈을 크게 뜨고 지켜볼 뿐 예수님 권위와 위엄에 눌려 그 누구도 감히 말 한마디 못했다.

예수님께서 장사꾼들에게 크신 소리로,
"너희 장사꾼들은 성전에서 당장 나가라!"

예수님께서 성전 사방을 두루 보시며,
"더러운 손으로 준비한 예물로 성전을 더럽히지 마라!
더러운 발로 거룩한 성전을 밟지 마라!
내 아버지 집은 기도하는 곳이지 장사하는 곳이 아니다!"

예수님의 크신 호령에 성전 안의 상인들은 모두 성전을 빠져나갔다. 성전 안에 남은 사람들은 넋을 잃고 예수님만 바라보았다. 제자들은 예수님을 보며 '주님 성전을 위하는 열정이 내 속에서 불타오릅니다.'라는 성경 말씀이 생각났다.

이때 몇몇 제사장들이 예수님께 와서 인사드리며 손을 모으고 조심스럽게,
"선생님께서 무슨 권한으로 이런 일을 하십니까?"

한 제사장이 모세가 보였던 표적들을 떠올리며,
"이런 일을 하실만한 권한이 있으면 모세같이 그것을 입증할 표적을 우리에게 보여 주십시오."

예수님께서 그들을 안타깝게 보시며,
"너희에게 보여 줄 표적은 한 가지밖에 없으니 너희가 이 성전을 헐면 내가 3일 안에 다시 세우겠다."

예수님 말씀에 그들이 서로 얼굴을 보며,
"이 성전을 짓는 데 46년이나 걸렸는데 선생님께서 3일 안에 다시 성전을 세우시겠다는 말씀입니까?"

예수님께서 말씀하신 성전은 자신의 몸을 가리킨 것이었다. 한편 성전 한쪽 계단 위에서 예수님 모습을 처음부터 유심히 지켜보던 사람 중에는 이스라엘 선생이라고 불리며 많은 사람에게 존경받는 바리새인 니고데모가 있었다. 그는 유대인 지도자 중 한 사람으로 의회 의원이었다. 그가 세례 요한에게 **"당신이 그리스도입니까?"**라고 물었을 때 요한이 예수님을 가리키며 **"나는 그분의 신발 끈을 풀어드릴 자격도 없다. 그분은 성령과 불로 세례를 주신다."**라고 한 말에 큰 충격을 받았었다. 그런 그는 예수님을 개인적으로 뵙기를 간절히 원하고 있었으며 또 구원받고 영생을 누리는 것이 진정으로 무슨 의미인가가 늘 궁금했었다.

니고데모가 예수님을 멀리서 바라보며 혼잣말로,

"나는 평생 성전을 그토록 가까이하면서도 하나님이 두렵기만 한데 저분은 하나님을 아버지라 하시며 성전을 아버지 집이라 하시니….

세례 요한이 저분을 성령과 불로 세례 줄 분이라고 증언한 것이 사실인가?

그런데 왜 세례 요한은 저분을 세상 죄를 지고 가는 하나님의 어린 양이라고 했을까?"

예수님께서 멀리서 고개를 숙이고 고민하는 니고데모를 유심히 보시고는 제자들과 함께 베다니로 가셨다. 어느덧 저녁 시간이 되었다.

예수님과 제자들이 저녁상에 둘러앉으니 베드로가 흥분하여,

"주님, 오늘 성전에서 굉장하셨습니다.

사람들이 주님의 권위와 위엄 앞에 꼼짝 못 하던데요!

주님을 보면서 저희는 '주님 성전을 위하는 열정이 내 속에서 불타오릅니다'라는 성경 말씀이 생각났습니다."

예수님께서 웃으시며,

"그랬구나, 너희도 나처럼 아버지 집을 사랑하면 좋겠다.

종일 고생들 많았으니 어서 저녁 먹고 푹 쉬도록 해라."

식사하는 동안 성전에 있었던 일로 제자들은 흥분하여 서로 이야기를 주고받았다.

베드로가 다른 제자들에게,

"자네들도 분명히 봤지! 우리 주님께서 장사꾼들을 몰아내셨을 때의 그 엄청난 권위와 위엄을!

제사장들도 군병들도 그냥 우리 주님께서 하시는 일을 쳐다만 볼 뿐 말 한마디 못 하고 서 있기만 했잖아!"

안드레가 목소리를 높이며,

"주님께서 '내 아버지 집은' 하고 외치실 때 나는 하늘과 땅이 흔들리는 줄 알았다니까!

그리고 마치 성전 문이 활짝 열리는 것 같았지!"

제자들이 이야기하며 식사하는 동안 밤은 점점 깊어 갔다.

저녁 식사가 끝나자 예수님께서 제자들에게,

"이제 늦었으니 너희들은 옆방에 가서 좀 쉬도록 해라."

베드로가 아쉬운 표정으로,

"저희는 주님과 함께 좀 더 이야기를 나누고 싶습니다."

"밤도 늦었고 또 내가 혼자 있을 일도 있으니 너희는 어서 가서 쉬어라."

제자들이 방으로 들어가자 예수님께서 홀로 집 밖에서 니고데모를 기다리셨다.

예수님께서 하늘을 보시며,
"니고데모가 거듭난다는 것에 대해 이해해야 할 텐데."

얼마 후 니고데모가 주위를 살피며 예수님 쪽으로 걸어왔다. 니고데모는 바리새인으로서 공회 의원인 신분을 의식해서 사람들 눈을 피해 한밤중에 홀로 예수님을 찾아왔다.

니고데모가 집 밖에 나와 계신 예수님을 보고 놀라며,
"아니, 선생님 왜 이 밤에 홀로 나와 계신지요?"

예수님께서 니고데모를 반갑게 맞으시며,
"네가 여기까지 오는데 당연히 기다려야 하지 않겠느냐?
니고데모야, 참 잘 왔다.
자, 어서 안으로 들어가자."

**"선생님께서 제가 이 밤에 찾아뵐 것을 알고 계셨습니까?
그리고 제 이름도 알고 계시다니….."**

"나는 너를 벌써부터 만나 보고 싶었는데 네 이름도 몰라서야 되겠느냐?"

니고데모가 한 번 더 놀라며,
"저도 선생님을 만나 뵙고 싶었습니다만 선생님께서도 저를 만나고 싶어서 하시는 줄은 전혀 몰랐습니다."

예수님과 니고데모가 방으로 들어가는 모습을 제자들도 지켜보고 있었다.

니고데모가 다시 머리 숙여 예수님께 인사드리며,
"선생님, 저희는 선생님을 하나님께서 보내신 분으로 알고 있습니다.
하나님께서 함께하지 않으시면 선생님께서 행하시는 그런 표적은 아무도 행할 수가 없을 것입니다."

예수님께서 니고데모를 긍휼히 보시며,
"니고데모야, 너는 잘 새겨들어야 한다.
사람은 각자가 다시 거듭나지 아니하면 하나님 나라를 볼 수 없다.
하나님 나라는 한 사람 한 사람 각자가 새롭게 거듭나서 가는 곳이다.
구원이란 사람이 물과 성령으로 다시 거듭나는 것이다."

니고데모가 크게 당황하여,
"선생님, 우리 유대민족은 아브라함 자손으로서 하나님 선택을 이미 받지 않았습니까?
그런데 선생님께서 한 사람 한 사람 각자가 다시 거듭나야 한다고 말씀하시니 무슨 뜻인지요?

사람이 나이가 든 뒤 어떻게 다시 태어날 수 있겠습니까?

어머니 배 속으로 다시 들어갔다가 나올 수도 없고요….”

“니고데모야, 너는 내 말을 잘 새겨들어야 한다.

사람이 물과 성령으로 새롭게 거듭나야 하나님 나라에 들어가는 것은, 사람의 육으로는 육이 태어나고 하나님의 성령으로는 영이 태어나기 때문이다.”

예수님께서 이제껏 그 누구도 감히 그 뜻을 정확히 설명할 수 없었던 구원에 대해 “구원이란 사람이 물과 성령으로 새롭게 거듭나는 것이다.”라고 명료하게 말씀하셨다. 예수님께서 “물”이란 죄를 씻어 주는 하나님의 물, “성령”이란 살리시는 하나님의 영이란 뜻으로 말씀하셨다.

니고데모가 고개를 갸우뚱거리며,

“저는 사람이 물과 성령으로 다시 거듭나야 한다는 말씀은 오늘 처음 들었습니다.”

“너는 이스라엘의 선생으로서 그것을 모르느냐?”

“선생님, 저도 율법을 지키며 성경을 상고하고 또 상고하였습니다만 거듭남에 대해 도저히 알 수가 없었습니다.”

"우리는 아는 것을 말하고 본 것을 증언한다.

그러나 너희는 거듭남에 대해서도 또 거듭나기 위해 치러야 하는 진정한 대가에 대해서도 모르고 있다."

니고데모가 당황하며,
"거듭나기 위해서 저희 스스로가 치러야 할 대가가 있다는 말씀입니까?"

"아니다. 사람의 생명은 하나이니 거듭나기 위해 자신이 치를 수 있는 것은 없다.

너희가 치를 수 없어서 아버지께서 나를 보내신 것이다.

너희는 오랫동안 동물의 피로 죄 사함을 받고자 제사를 드려 왔는데 죄 사함을 받은 자의 평안은 누리고 있느냐?"

니고데모가 고개를 떨구며,
"없습니다. 매년 똑같은 피의 제사가 있을 뿐입니다."

"너희가 하나님께 용서받았다는 증거는 무엇이며 하나님 백성이란 증거는 또 무엇이냐?

너희가 용서받은 하나님 백성이라면 구원의 확신이 있을 것 아니냐?"

"깊은 내면에 구원의 확신이 없어서 이 밤에 선생님을 찾아온 것입니다."

예수님께서 니고데모를 긍휼히 여기시며,

"너희가 구원받았다고 생각하기 전에 구원하셨다는 하나님 음성을 각자가

들어야 한다."

니고데모가 탄식을 하며,

"오, 선생님, 하나님 백성이라고 생각은 해도 저를 구원하셨다는 하나님

음성을 들은 적은 없습니다."

"니고데모야, 너는 하나님께서 너의 모든 죄를 사하신다는 음성 그리고 너

를 자녀 삼으신다는 음성을 무엇보다 먼저 들어야 한다."

니고데모가 고개를 들며 애절한 표정으로,

"좀 더 자세히 설명해 주셨으면 합니다."

"구원받았다는 생각만 있을 뿐 구원하셨다는 하나님 음성을 못 들은 자는

이런 자다.

어떤 나라가 좋다고 해서 그 나라에 가고 싶다는 소망과 갈 수 있다는 생

각만으로 그 나라의 초청장도 없이 그곳을 향해 가는 어리석은 자가 그런

자다."

니고데모가 하늘을 한 번 쳐다보고는 긴 숨을 내쉬며,

"네, 맞습니다, 저희는 하나님 백성이라고 자처하면서도 죄 용서받은 자의

평안도 구원의 확신도 없습니다….”

니고데모가 잠시 생각에 잠겼다가,
“선생님, 죄 용서받고 하나님 자녀가 되려면 제가 무엇을 해야 합니까?”

“니고데모야, 아기가 뭔가를 하기에 태어나는 것이냐?
물과 성령으로 새롭게 거듭나야 한다는 땅의 일도 믿기 어려운데 하늘의
일을 말해 준들 네가 믿을 수 있겠느냐?”

니고데모가 애절한 목소리로,
“아, 선생님, 새롭게 거듭나야 한다는 땅의 일이란 무엇이며 그 일을 위해
저는 무엇을 해야 합니까?”

예수님께서 창 넘어 예루살렘 쪽을 바라보시며,
“하나님께서 보내신 나를 믿는 것이 너희가 이 땅에서 거듭나기 위해 해야
할 일이다.
모세가 광야에서 놋뱀을 든 것같이 나도 들려야 한다.
높이 들린 놋뱀을 믿음으로 바라본 자는 다 살았듯이 내가 들린 것을 믿음
으로 바라보는 자는 다 살 것이다.
모세의 놋뱀같이 높이 들려 물과 피를 다 쏟는 나를 너희가 이 땅에 살 동
안 믿어야 죄 용서받고 하나님 자녀가 되어 영생을 누리게 된다.
이것이 땅의 일이다.”

"아, 그렇군요, 선생님. 그럼, 하늘의 일은 무엇입니까?"

예수님께서 하늘을 보시며,
"하나님 아들인 내가 사람의 아들이 되었으므로 아버지께서 내게 이 세상의 모든 것을 심판하는 권세를 주셨다.
그러므로 나는 죽음에서 다시 살아나 하늘에 있는 어둠의 세력과 죽음의 권세를 모두 다 심판하여 쫓아낼 것이다.
내가 죽음을 이기는 부활이요 생명이다.
나를 믿는 자는 죽어도 살겠고 살아서 믿는 자는 영원히 죽지 않는다.
이것이 하늘의 일이다."

니고데모가 말씀에 큰 은혜를 받아 감동하여,
"이제야 죄 사함과 거듭남과 영생 그리고 땅의 일과 하늘의 일에 대하여 조금은 이해할 것 같습니다."

"하늘에서 내려온 나밖에 하늘에 올라가 본 자도 하늘을 아는 자도 없다.
그러나 내가 들려주는 하늘의 일이 세상의 자녀에게는 관심도 없는 어리석은 이야기로 들릴 뿐이다."

"왜 세상의 자녀는 하늘의 일을 어리석은 이야기로 생각할까요?"

"하늘의 일이 하나님 자녀에게는 내 나라 내 민족의 이야기라서 마음속으로부터 친숙하게 느껴져도 세상의 자녀에게는 남의 나라의 뜬금없는 이야기 같기 때문이다.

아담과 하와가 하나님에 의해 창조되었을 때 그들이 처음 눈을 뜨고 보게 된 분이 하나님이시고 보게 된 곳은 에덴동산이었다.

그러므로 그들은 자신들을 창조하신 하나님을 아버지로 생각했고 에덴동산을 고향으로 생각했다.

그러다가 그들이 죄짓고 비록 에덴동산에서 쫓겨는 났어도 그들은 늘 하나님을 생각하며 에덴동산을 향해 울부짖었던 것은, 아버지로 느꼈던 하나님과 고향 같은 그곳이 그리웠기 때문이다."

니고데모가 고개를 숙이며,
"하늘의 일이 곧 내 고향의 일이자 내 가족의 일이 될 때 비로소 이해할 수 있군요."

니고데모가 그 자리에서 무릎 꿇고 정중히 절하면서,
"선생님, 제 생애 가장 궁금했으나 그 누구도 대답해 줄 수 없었던 죄 사함과 거듭남과 영생에 대해서 오늘이야 비로소 깨닫게 되었습니다.
제 평생 선생님 말씀을 귀히 여기며 살겠습니다."

예수님께서 니고데모를 대견스럽게 보시며,
"내가 들린 후에 오늘의 깨달음을 잘 기억하여 너도 많은 사람에게 죄 사함과 거듭남과 영생에 대해 잘 전해 주길 바란다."

제4막

어부

예수님께서 아침 일찍 갈릴리 바닷가에서 많은 사람에게 말씀하고 계실 때 예수님 뒤쪽에서 베드로, 안드레, 야고보, 요한은 밤새 고기 한 마리도 못 잡고 돌아와 투덜거리며 그물을 씻고 있었다.

예수님께서 가끔 뒤를 돌아보시며,
"사람은 빵으로만 살 수 없다.
사람은 하나님 말씀으로 살아야 한다.
영생토록 있는 양식을 위하여 일해라.
내 말이 곧 영이요 곧 생명이다."

예수님 말씀을 듣기 위해 점점 많은 사람이 몰려왔고 베드로와 안드레는 그물을 씻어 배에 올려놓고 있었다.

그때 예수님께서 베드로에게,
"배에 올라가도 괜찮겠느냐?"

베드로가 환히 웃으며,

"네, 주님, 그렇게 하시지요."

예수님께서 배에 오르시며,
"사람들이 내게 가까이 오려고 서로 밀치고 있으니 배를 조금만 뒤로 옮기자."

"네, 주님, 뭐든 말씀만 하십시오."

예수님께서 뱃고물에 앉으셔서 크신 소리로,
"천국은 마치 각종 고기를 잡은 그물처럼 고기 중에 좋은 것은 그릇에 담고 쓸모없는 것은 내어 버리는 것과 같다.
천국은 멀리 있는 것이 아니라 너희들 가운데 있다!
천국은 말에만 있지 않고 능력에 있다!"

예수님께서 말씀을 마치시고 베드로에게,
"깊은 곳으로 가서 그물을 내려 고기를 잡아 보자."

베드로가 곤란한 표정으로,
"주님, 저희는 밤새 그물을 내리며 수고했지만 한 마리도 못 잡았습니다."

베드로가 예수님과 눈이 마주치자 뒷머리를 긁으며,
"그래도 주님께서 말씀하시니 해 보겠습니다."

Jesus & Peter

베드로가 혼잣말로,

"허허, 오늘은 참 이상한 날이네.

고기는 한 마리도 못 잡았는데 예수님 말씀을 들으니 마음이 뜨겁고 기쁘고…."

베드로가 안드레를 보며,

"자, 주님 말씀대로 깊은 곳으로 가자."

베드로가 바다로 나가니 야고보가 자기 배에서 이를 보고,

"아니 베드로, 이 시간에 왜 다시 바다로 나가는 거요?

밤새워도 한 마리 못 잡았는데 날이 훤한 지금 고기가 어디 잡히겠소?"

안드레가 야고보에게,

"주님께서 깊은 곳으로 가서 잡아 보라 하시니 어쨌든 우리는 주님을 모시고 갔다 오겠소."

함께 있던 요한이 야고보를 보며,

"형, 우리도 한번 따라가 보면 어때.

우리가 물이 포도주로 변하는 것을 가나에서 보았잖아."

[하늘에서 보니 두 배가 깊은 곳으로 가는 동안 천사들이 많은 고기를 깊은 한곳으로 몰고 있었다.]

제4막 어부   47

두 배가 깊은 곳에 이르자 야고보와 요한은 지켜만 보았고 베드로와 안드레는 반신반의하며 그물을 내렸다.

[그때 천사들은 그물 안으로 고기를 몰아넣기 시작했다.]

잠시 후 베드로와 안드레가 그물을 올리다가 깜짝 놀라며,
"아니 왜 그물이 이렇게 무거운 거야?
저, 저, 그물 안에서 날뛰는 고기들 좀 보라고!"

그들이 활짝 웃으며 뜰채로 열심히 고기를 퍼서 올리자 예수님도 웃으시며 도와주셨다.

[그때 한 천사가 그물 밑을 찢어 큰 구멍을 만들어 고기를 계속해서 그물 속으로 몰아넣었다.]

배에 고기를 채우고 또 채워서 배가 가라앉을 정도가 되어도 그물 안에는 고기가 아직도 가득했다.

그러자 베드로가 조금 떨어져 구경하던 야고보와 요한을 큰 소리로 부르며,
"어이! 야고보, 요한! 이리 와서 좀 도와주게!
고기가 끝도 없이 올라오니 빨리빨리 오라고!"

야고보와 요한이 와서 자기들 배에도 고기를 가득 채워 배가 거의 잠기게 되자 그물 안에 가득하던 고기들이 찢어진 구멍으로 빠져나갔다.

베드로가 찢어진 그물을 들어 올리며,
"다들 찢어진 그물 좀 보라고!
그물이 이렇게 찢어졌는데 고기들이 도망 안 가고 오히려 찢어진 그물로
들어왔다니 세상에 이런 일이 다 있나!"

모두가 땀 흘리며 애쓴 후에 앉아서 활짝 웃고 있는데 예수님께서 베드로를 유심히 보셨다. 순간 베드로는 찢어진 그물과 배에 가득한 고기들을 보니 조금 전에 예수님 말씀을 의심했던 것이 생각나서 죄송하고 두려웠다.

베드로가 예수님 앞에 엎드리며 떨리는 목소리로,
"주님, 저는 주님 말씀을 의심했습니다.
주님과 함께할 수 없는 죄인이오니 저를 떠나 주십시오."

예수님께서 베드로를 일으키시며,
"네가 내 말을 잠시 의심했다고 두려워할 것 없다.
이제부터 너는 나와 함께 더 놀라운 일을 해야 한다.
너는 하늘나라를 위해 사람을 낚는 어부가 될 것이다."

베드로, 안드레, 야고보, 요한은 기적에 놀라고 예수님 말씀에 감격하여 그 자리에 엎드리며 예수님께 경배드렸다.

베드로가 배에서 내리면서,
"주님, 이제부터 저희는 모든 것을 다 버리고 주님만 따르겠습니다."

그들이 배를 놔두고 예수님을 따르려고 하니 예수님께서 기뻐 웃으시며,
"그래, 너희들 마음은 내가 잘 알겠다.
그래도 오늘은 아버지께서 많은 고기를 잡게 해 주셨으니 잡은 고기를 시장에 내다 팔아 뭐라도 사 가지고 집에 가서 가족과 함께 감사하며 즐겁게 지내야 하지 않겠느냐."

예수님 말씀에 제자들은 많은 고기를 팔아 기쁜 마음으로 집으로 갔다. 다음 날 베드로, 안드레는 그물을 내리고 있었고 야고보, 요한은 그물을 고치고 있었다.

예수님께서 그들에게 다가오셔서,
"다들 가족과 함께 잘 쉬었느냐?"

베드로가 예수님을 기뻐 맞으며,
"네, 주님, 주님께서 잡게 해 주신 그 많은 고기를 다 팔아 오랜만에 가족과 즐겁고 감사한 시간을 잘 보냈습니다.

감사합니다, 주님."

다른 제자들도 같은 말로 예수님께 감사했다.

예수님께서 그들을 사랑스럽게 보시며,
"그래, 너희가 감사하며 즐거웠다니 나도 참 기쁘구나.
자, 내가 너희를 사람 낚는 어부가 되게 할 것이니 모두 나를 따라오너라."

예수님 부르심에 베드로, 안드레는 같이 있던 사람들에게 그리고 야고
보, 요한은 그들의 아버지와 품꾼들에게 각각 배를 맡기고 예수님을
따라갔다.

예수님께서 제자들이 그물 씻을 때, 그물 내릴 때 그리고 그물 고칠 때
오셨다. 이렇듯 예수님께서는 믿음의 사람들이 각자의 생활에서 성실
히 일할 때 어디서 무엇을 하든지 찾아오셔서 만나 주시고 또 사명을
주시는 분이다.

장모

예수님께서 회당을 나오셔서 서둘러 제자들과 함께 베드로 집으로 향하셨다. 베드로 집에는 안드레, 베드로의 아내 십보라, 베드로의 장모 요게벳이 같이 살고 있었다. 그런데 베드로 장모 요게벳은 심한 열병으로 앓아누워 있었다.

예수님께서 베드로에게,

"자, 오늘은 우리가 너의 집으로 가자."

베드로가 당황하며,

"주님, 갑자기 저희 집은 왜 가시려는지요?"

"너희가 모두 날 따라다니느라고 고생이 많은데 내가 너희 집들도 돌봐줘야 하지 않겠느냐?
자, 어서들 서둘러 가자."

제자들은 예수님께서 베드로 집에 서둘러 가시는 모습에 당황했다.

예수님께서 집에 들어가시며 베드로에게,
"너의 장모님은 안녕하시냐?"

"실은 장모님이 얼마 전부터 열병으로 앓아누웠습니다."

십보라가 반가운 얼굴로 예수님을 맞으며,
"어서 오세요, 선생님, 제가 얼른 씻으실 물과 잡수실 것을 가져오겠습니다."

"그래, 고맙구나, 그런데 너의 어머니는 좀 어떠시냐?"

"열병으로 저쪽 방에 누워 있습니다."

"그럼 너의 어머니에게 먼저 가 보자."

예수님께서 십보라 따라 요게벳이 누워 있는 방으로 가셨다.

요게벳이 심한 열병으로 신음하며,
"선생님, 이 누추한 곳까지 오시다니요."

예수님께서 요게벳을 안타깝게 보시니 그 모습을 본 제자들이 예수님
께 와서,
"주님, 저 열병을 고쳐 주셨으면 합니다…."

예수님께서 요게벳에게 가까이 가셔서 열병을 꾸짖으시며,
"요게벳을 괴롭히는 열병은 당장 요게벳에게서 나가라!"

예수님 말씀에 열병은 즉시 떠나고 요게벳은 온전해졌다.

예수님께서 요게벳 손을 잡으시며,
"열병이 심했구나.
내가 좀 더 일찍 와야 했었는데 늦어 미안하다."

요게벳이 자리에서 일어나 예수님께 인사드리며,
"아닙니다, 주님, 이렇게 저까지 돌봐주시니 그저 감사할 뿐입니다."

십보라가 그 자리에서 무릎을 꿇으며,
"주님, 저희 어머니까지 돌봐주셔서 감사합니다."

예수님께서 십보라를 일으키시며,
"그래, 그래, 요게벳이 나아서 다행이다.
어쨌든 베드로와 안드레가 나를 따라다니느라 집안일도 제대로 못 하고 있
어서 오히려 내가 미안하구나."

십보라가 요게벳의 얼굴을 보고 환히 웃으며,
"아닙니다, 저희는 선생님을 뵌 후로 생활 형편이 좋아졌습니다."

요게벳이 십보라를 자랑스럽게 보고 웃으며,

"십보라가 베드로, 안드레 대신 사람을 사서 고기를 잡고 있습니다만 베드로, 안드레가 고기를 잡을 때보다 고기가 더 많이 잡히고 있습니다!"

예수님께서 환히 웃으시며,
"그렇게들 말해 주니 고맙구나.
베드로, 안드레가 아버지 일을 열심히 하고 있다고 아버지께서 너희 가정을 잘 돌봐주시니 참으로 감사한 일이다."

십보라와 요게벳은 예수님과 제자들의 식사를 지극 정성으로 준비해서 성심껏 섬겼다. 예수님과 제자들의 큰 웃음소리는 집 밖에서도 들렸다.

제6막

풍랑

예수님께서 배에 오르시며 제자들에게 건너가자고 하셨다. 예수님께서는 온종일 병자들을 고치시고 말씀을 전하셨기 때문에 많이 피곤하셔서 뱃고물을 베개 삼아 깊이 잠드셨다. 배가 얼마 동안 갔을 때 바다에 거센 풍랑이 일어나 거친 물결이 배를 덮치니 배에 물이 차기 시작했다.

베드로가 얼른 겉옷을 벗어 예수님을 덮어드리고 다른 제자들에게.
"돛을 접고 노를 꽉 잡아라!"

안드레가 베드로에게,
"형, 예수님을 깨워야 할 것 같은데."

요한이 베드로에게 가서,
"예수님을 깨워서 우리를 살려 달라고 해요."

베드로가 조심스럽게 예수님을 깨우며,
"주님, 주님, 풍랑이 심해 저희가 죽게 생겼습니다."

예수님께서 일어나시더니 바람과 바다를 향해,
"바람은 사라지고 바다는 잠잠해라!
너희는 하나님 일을 하려는 우리에게 걸림돌이 돼서는 안 된다!"

예수님 말씀에 바람이 그치고 바다는 잠잠해졌다.

예수님께서 두려워 떨던 제자들에게,
"너희는 왜 그렇게 두려워하느냐?
나를 믿고 또 하나님 일을 행하고자 하면 바람도 바다도 너희를 해치지 못
한다는 것을 아직도 모르겠느냐?"

베드로가 구름이 걷힌 하늘과 잠잠해진 바다를 보며 속으로,
"예수님은 누구시기에 바람과 바다도 순종하는 것일까?"

안드레가 하늘을 보고 바다를 보며 혼잣말로,
"예수님께서 그리스도이시며 천지의 주인이신가…."

예수님께서 제자들 생각을 아시고,
"너희는 잘 새겨들어야 한다.
하늘과 땅의 모든 것은 아버지 말씀으로 만들어졌다.
아버지께서 자녀들이 그 모든 것의 주인이 되라고 만드신 것이다."

베드로가 조심스럽게,

"주님, 우리는 하나님을 믿고 또 주님을 따르고 있는데 왜 바람과 바다를 다스리지 못합니까?"

"마귀 원수의 유혹에 넘어간 사람은 죄의 노예가 된 후로 하나님께서 주신 권세와 권위를 잃었기 때문이다."

"주님을 따르는 저희도 아직 죄의 노예입니까?"

"너희가 아버지를 믿고 그분께서 보내신 나를 믿으며 나의 말에 순종하며 산다면 주인이지 더는 노예가 아니다."

베드로가 기뻐하며,

"그렇게 말씀하시는 것은 저희는 이제 주인이지 노예가 아니니 천지를 호령할 수 있다는 것입니까?"

"너희에게 믿음만 있다면 왜 눈에 보이는 천지를 호령하지 못하겠느냐? 그러나 천지를 호령하는 것보다 너희 이름이 하늘나라 생명록에 기록되는 것을 더 기뻐해야 한다.
너희가 눈으로 보는 이 천지는 이미 불법과 불의로 망가지고 부패했다.
그러므로 나는 이 천지를 바꿔서 나를 믿는 너희가 사랑과 아름다움이 넘치는 새로운 천지에서 주인 노릇을 하도록 할 것이다."

예수님께서 사방을 가리키시며,

"보라! 하늘의 새들도 들의 짐승들도 바다의 고기들도 너희 말을 듣고 너희와 함께 즐거워할 날은 반드시 온다.

그렇다! 나를 믿는 너희가 아버지의 크신 사랑을 받는 자녀임을 천지 만물이 인정하는 날은 반드시 온다!"

배가 갈릴리 맞은편 거라사 사람들이 사는 곳에 도착하니 귀신 들린 자 우리아가 뛰어와서 예수님 앞에 엎드렸다.

우리아가 크게 외치며,

"지극히 높으신 하나님의 아들 예수님!

저희가 당신과 무슨 상관이 있습니까?

때가 되기도 전에 저희를 괴롭게 하시려고 오셨습니까?"

우리아는 오래전에 귀신 들려 집을 떠나 무덤 사이에서 살았다. 그는 옷을 벗고 자기 몸에 상처를 내며 밤낮없이 괴성을 질렀다. 그는 여러 번 쇠고랑과 쇠사슬에 묶였으나 번번이 그것들을 부수고 끊어 버렸고 너무 힘이 세서 아무도 제어할 수 없었다. 한편 사람들이 우리아 있는 곳을 지나다니기 무서워하므로 돼지 치는 사람들은 그 근처에 수천 마리 돼지를 방목하여 돈을 벌고 있었다.

예수님께서 엎드려 벌벌 떨고 있는 우리아를 주목하시며,

"네 이름이 뭐냐?"

"저희는 숫자가 많아 군대라고 합니다."

우리아가 겁에 질려 벌벌 떨면서 예수님 눈치를 살피며 좌우 주변을 보니 마침 가까운 언덕에서 2천여 마리나 되는 많은 돼지가 풀을 뜯고 있었다.

귀신들은 예수님께 애절한 목소리로,
"저희를 내쫓으시려면 저 돼지들에게라도 들어가게 하옵소서."

예수님께서 돼지 떼를 가리키시며,
"가라! 다시는 우리아에게 들어가지 마라!"

예수님 말씀에 귀신들이 우리아에게서 나와 2천여 마리의 돼지들에게 들어가니 돼지들은 그대로 바닷속으로 뛰어들었다. 돼지들을 치던 사람들이 이 일을 보고 크게 당황하여 마을로 뛰어가서 이 일을 사람들에게 알리자 그들은 즉시 예수님께 달려왔다. 그들은 귀신 들렸던 우리아가 정신 차리고 옷을 입고 예수님 곁에 얌전히 앉아 있는 모습에 깜짝 놀랐다.

그들이 서로의 얼굴을 보며,

"이거 큰일 났구먼, 큰일 났어.
돼지들은 모두 죽고 저 우리아는 제정신으로 돌아왔으니 이제는 이곳에서
돼지를 방목하긴 틀렸네."

"한동안 귀신 들려 무서웠던 우리아 덕분에 돼지를 방목하며 돈 벌기가 참
쉬웠는데…."

"일단 저분께 이곳에서 떠나달라고 부탁한 후 앞으로 어떻게 할 건가 생각
해 보세."

그들이 예수님께 다가와 굽실굽실 인사하며,
"저, 선생님, 저희는 선생님께서 이곳을 떠나 주셨으면 합니다."

예수님께서 일어나셔서 그들을 안타까운 심정으로 보시며,
"너희는 우리아가 귀신들로부터 풀려나 제정신으로 돌아온 것이 기쁘지도
않으냐?"

그들이 머리를 긁적이며,
"선생님, 그런 것이 아니라 저희 뜻은…."

예수님께서 그들과 제자들을 두루 보시며,
"사람의 생명은 그 어느 것보다도 귀한 것이다.

그런데 사람이 정신을 빼앗기면 무엇을 하는지조차 모르고 살다가 결국 죽게 된다.

그러나 하나님께서는 사람이 살되 더불어 행복하게 오래오래 잘 살라고 창조하셨다."

그들이 곤란한 표정으로,

"선생님께서 이곳에 계시면 저희가 돈 벌기가 어려우니 이곳을 떠나 주셨으면 합니다."

예수님께서 크신 소리로,

"너희는 잘 새겨들어라!

너희는 돈으로 너희 생명을 살 수도 없고 또 하나님 나라는 돈으로 갈 수 있는 곳도 아니다!

그런데 너희는 왜 그 돈에 너희 생명을 걸려고 하느냐?

너희는 하나님과 돈을 함께 섬길 수 없다!"

그들이 손을 저으며,

"아닙니다, 선생님, 저희도 하나님을 믿습니다.

그러나 저희에게 우선 돈으로 해야 할 일들이 많고 또 가정도 돌봐야 하기에…."

예수님께서 안타까워하시며,

"허허, 아직도 모르겠느냐?

너희는 자신도 가정도 돈으로는 지킬 수가 없다.

우리아처럼 귀신 들린다거나 어쩌다 죽을병에 걸려도 너희가 돈으로 자신과 가정을 지킬 수 있다고 생각하느냐?

너희가 돈 때문에 믿음을 버리면 결국 너희는 생명마저 영원히 잃게 된다.

하나님 나라와 그 의를 먼저 구하면 하나님께서 너희의 필요한 모든 것을 더해 주신다."

제정신으로 돌아온 우리아가 그 자리에서 무릎 꿇으며,

"주님, 저는 이제부터 모든 세상일은 버리고 주님만 따르겠습니다."

예수님께서 그를 일으키시며,

"아니다, 우리아야, 너는 먼저 너를 오랫동안 안타까워하며 기다리고 있는 가족에게 가서 위로하고 또 하나님께서 네게 베푸신 크신 은혜를 전해라.

하나님께서 네게 베푸신 은혜를 나누는 것이 곧 네가 하나님 나라와 그 의를 구하며 사는 것이다."

우리아가 인사드리며,

"네, 잘 알겠습니다, 주님, 예수님께서 제게 베푸신 크신 은혜를 온 힘 다해 저의 집과 마을에 잘 전하겠습니다."

예수님과 제자들은 배를 타고 가버나움으로 돌아갔다. 그리고 우리아는 그곳 데가볼리 10개 지방을 두루 다니며 예수님의 크신 은혜를 널리 전했다.

⤛ 제7막 ⤜

순교

AD 29년 3월 어느 날 이른 아침에 예루살렘의 헤롯 궁전은 당시 갈릴리 지방을 다스리는 헤롯 왕가의 안디바 생일잔치를 준비하느라 분주했다. 안디바는 자신의 이복형인 빌립의 아내 헤로디아와 불륜에 빠져 본처와 이혼하고 그녀와 살고 있었다. 헤로디아는 빌립에게서 딸 살로메를 낳았는데 그녀는 춤을 잘 추고 미모가 뛰어났다.

헤로디아가 살로메 머리를 만지며,
"딸아, 안디바 생일을 위해 무슨 춤을 준비했니?"

"제가 제일 잘 추는 춤을 준비했어요."

**"그래, 잘했다. 오늘은 대신들과 로마 천부장과 갈릴리 귀인들이 많이 올 예정이다.
사람들 앞에서 으쓱대기를 좋아하는 안디바는 네가 춤을 잘 추면 네게 자기 나라의 반이라도 주겠다고 할 것이다.
그때 이 어미가 네게 할 말이 있으니 꼭 내게 와야 한다.
너도 알다시피 세례 요한 때문에 이 어미가 괴로워 죽을 지경이 아니냐?"**

"네, 어머니, 제가 춤을 잘 춰서 어머니 소원을 꼭 들어드리겠습니다."

같은 시각에 헤롯 궁전 감옥에 갇혀 있던 세례 요한은 창살 넘어 하늘을 바라보며,
"주님, 이제 제가 떠날 때가 된 것 같습니다.
저를 따르던 제자들은 모두 예수님께 보냈습니다.
예수님께서 가실 험한 그 길을 끝까지 함께 못함이 죄송스럽기만 합니다.
주님, 세상 죄를 지고 가시는 주님의 어린 양 예수님을 통해 하늘과 땅에서
주님의 모든 뜻이 다 이루어지길 간절히 기도드립니다…."

요한은 예수님께서 가실 험난한 길을 생각하며 눈물 흘렸다.

예수님께서도 가버나움 집에서 간절히 기도하시며,
"아버지, 요한을 위로하시고 끝까지 믿음을 잃지 않도록 지켜 주옵소서.
그가 달려갈 길을 다 마쳤으니 그의 영혼을 아버지 손에 맡겨드립니다."

그날 저녁이 되자 헤롯 궁전의 큰 홀에 안디바의 대신들과 예루살렘의 천부장과 갈릴리 귀인들이 안디바 생일을 축하하기 위해 모였다.

그들은 음악과 춤을 즐기면서 술 취하자 한 대신이 일어나,
"위대한 왕이여! 살로메 춤으로 저희를 즐겁게 하소서!"

사람들이 안디바를 주목하니 안디바가 크게 웃으며,
"하하, 당신들은 살로메 춤만 보려고 온 것 같소."

옆에 있는 종에게 손짓하며,
"가서 살로메에게 어서 나오라고 해라."

살로메가 홀에 들어서니 음악이 바뀌면서 먼저 춤추던 무희들은 물러가고 그녀는 춤을 추기 시작했다. 사람들은 모두 살로메 춤을 좋아했다.

춤이 끝나고 살로메가 안디바에게 무릎 꿇고 인사하니 안디바가 크게 웃으며 자리에서 일어나서,
"하하, 살로메야, 살로메야!
네가 오늘도 우리를 매우 즐겁게 했다.
내가 약속하니 네가 내 나라의 반을 달라고 해도 주겠다.
그래, 살로메야 내가 네게 뭘 해 주면 좋겠느냐?"

살로메가 일어나서 헤로디아에게 가니 헤로디아가 귓속말로,
"요한의 머리를 달라고 해라."

살로메가 깜짝 놀라며 안디바를 쳐다보니 안디바가 웃으며,
"살로메야, 괜찮으니 뭐든 얘기해라.

내가 이 많은 사람 앞에서 네 소원을 들어주겠다고 약속하지 않았느냐?"

살로메가 잠시 주저하다가,
"요한의 머리를 원합니다!"

안디바와 사람들은 살로메 말에 모두 놀라서 웅성거렸다.

살로메가 헤로디아를 다시 쳐다보자 헤로디아가 고개를 끄떡이며 다시 얘기하라고 재촉하니 살로메가 큰 소리로,
"요한의 머리를 가져와 주세요!"

많은 사람이 요한을 선지자로 믿고 있었기 때문에 안디바는 요한을 두려워하고 있었다. 그러나 그는 사람들 앞에서 살로메 소원을 들어주겠다고 약속해서 체면상 거절할 수 없었다.

안디바가 옆에 있던 군병에게 손짓하며,
"너는 어서 가서 요한의 목을 베어서 내게 가져와라."

군병은 서둘러 요한이 갇혀 있는 감옥으로 갔고 살로메는 헤로디아 옆에 앉았다. 잠시 후 군병이 쟁반에 요한의 머리를 수건으로 씌워서 가져왔다.

안디바가 자리에서 일어나며,
"수건을 벗겨 요한의 얼굴을 모두에게 보여라!"

군병이 수건을 벗기자 요한의 머리를 본 사람들은 놀라서 웅성거리는
데 헤로디아는 살로메 손을 잡고 미소를 띠었다.

예수님께서 요한의 죽음을 심히 애통해하시며 슬퍼하셨다.

이른 아침 예수님께서 베드로를 깨우시며,
"베드로야, 이제 일어나자.
내일이 유월절인데 예루살렘으로 가긴 너무 늦었구나.
그런데 우리가 여기 있으면 많은 사람이 몰려와 너희는 또 밥 먹을 틈도 없
이 바빠지지 않겠느냐?
이번 유월절에는 벳새다에 가서 좀 쉬도록 하자."

베드로가 눈을 비비며,
"그렇게 하시지요, 주님.
주님께서 유월절마다 예루살렘에서 많은 일을 하셨는데 이번에는 제 고향
에 가셔서 푹 좀 쉬세요.
안 그래도 주님께서 요 며칠 매우 피곤해 보이셔서 저희도 걱정을 많이 했
습니다."

예수님과 제자들은 배 타고 가버나움을 떠나 벳새다에 도착했다. 예수님께서 벳새다에 오셨다는 소문이 퍼지자 또 많은 사람과 병자들이 모였다. 남자만 5천여 명이 되었으니 여인들과 아이들을 합치면 2만여 명이나 되었다.

베드로가 걱정스러운 표정으로,
"주님, 어떻게 할까요?
다들 돌아가라고 하고 저희는 다른 곳으로 갈까요?"

"아니다. 목자 없이 방황하는 불쌍한 저들을 외면해서야 되겠느냐?
병자들, 아이들, 여인들도 많이 왔으니 푸른 잔디가 많은 언덕으로 가자.
병자들을 모두 고쳐 주다 보면 온종일 걸릴 테니 그들이 잔디가 많은 곳에
그나마 편히 앉을 수 있도록 하자."

"네, 잘 알겠습니다.
주님께서 제 고향 사람들을 이렇게까지 생각해 주시니 정말 감사합니다."

예수님께서 푸른 잔디가 많은 완만한 언덕에 오르시니 많은 사람이 병자들을 예수님 앞으로 데리고 왔다. 예수님께서 일일이 손을 얹어 그들을 모두 고쳐 주셨다. 예수님께서 많은 병자를 고치시다 보니 시간이 꽤 지나 어느덧 해가 지기 시작하자 제자들을 가까이 부르셨다.

예수님께서 이미 어떻게 하실 것을 정하시고 제자들 마음과 믿음을 보시려고,

"해도 지고 있는데 먼 길을 가야 할 저들을 이대로 돌려보내서야 되겠느냐?"

베드로가 고개를 끄떡이며,

"네, 주님, 이미 아이들은 배고파하고 있습니다."

예수님께서 빌립을 보시며,

"빌립아, 네 고향 사람들에게 먹을 것을 줄 방법이 좀 없겠느냐?"

빌립이 주변을 가리키며,

"주님, 이곳은 한적한 곳이라 음식을 구할 데도 없습니다.
날도 저물어 가니 저들에게 얼른 돌아가라고 하는 것이 좋겠습니다."

"저들에게 줄 빵을 너희가 구해 올 수는 없겠느냐?"

빌립이 난감한 표정으로,

"주님, 저 많은 사람에게 빵을 주려면 은화 200개는 족히 필요합니다만
저희에게 그런 큰돈이 없으니 각자가 알아서 먹게 하시지요."

"온종일 이곳에 있느라고 피곤하고 배고픈 저 많은 아이와 여인들이 이대로 돌아가면 얼마나 고생스럽겠느냐?

너희가 저들에게 먹을 것을 주면 좋겠는데…."

"주님, 실은 저희가 먹을 빵도 다 떨어졌습니다."

"그렇다면 저들 중에 빵을 가진 자가 있으면 그것을 내게 가져와라."

빌립이 놀라며,
"저들의 빵을 오히려 주님께 가져오라고요?"

빌립이 주저하자 베드로가 안드레와 빌립을 옆으로 부르며,
"주님께서 말씀하시니 일단 저들에게 가서 알아보자.
난 주님께서 말씀하실 때 이상하게 엘리야가 행한 기적이 생각났어.
사르밧 과부가 조금 남은 밀가루와 기름으로 빵을 만들어 외아들과 마지막
으로 먹고 죽으려고 할 때 엘리야가 그것을 자기에게 가지고 오라고 해서
순종했더니 비었던 밀가루통과 기름병은 오랫동안 빵을 해 먹고 또 해 먹
어도 그대로 가득하기만 했잖아."

안드레가 두 손을 마주치며,
"맞아, 형, 나도 왠지 엘리사와 과부와 그 두 아들의 이야기가 생각났어.
과부에게 한 병의 기름밖에 없었는데 엘리사 말에 순종해서 두 아들이 이
웃에게 빈 그릇들을 빌려다가 기름을 부으니 그릇마다 모두 가득 차서 그
기름을 팔아 빚 갚고 잘살게 되었다는 이야기 말이야.

그래, 내가 가서 주님 말씀대로 빵이 있나 알아볼게.”

안드레가 고향 사람들에게 뛰어가며,
“어이, 여러분! 여러분 중에 빵 가진 사람 있습니까?
예수님께 드릴 빵을 가진 사람 있습니까?”

안드레가 외쳐도 다들 외면하는데 뒤쪽에 있던 어린아이가 벌떡 일어
나 손을 흔들며,
“안드레 아저씨! 저에게 빵과 생선이 있습니다.
예수님께 갖다 드리세요!”

안드레가 어린아이 손을 잡고 보자기에 싸인 빵 5개와 작은 생선 2마
리를 가지고 예수님께 왔다.

예수님께서 어린아이를 안아 들으시며,
“얘야, 네가 먹을 빵과 생선을 내게 주면 너는 먹을 게 없질 않으냐?”

“아니에요, 예수님, 저는 괜찮아요.”

“그래, 너는 누구와 함께 왔느냐?”

“아버지, 어머니와 함께 왔습니다.

아버지는 이 앞 어딘가 계시고 저와 어머니는 저 뒤에 있습니다."

"그랬구나. 자, 내가 모두에게 저녁을 먹으라고 부를 테니 너도 어머니와 함께 아버지 있는 앞쪽으로 와서 맛있게 마음껏 먹어라."

예수님께서 어린아이를 내려놓으시며 제자들에게,
"너희는 유월절 저녁을 자기 가족들과 먹도록 여인들과 아이들도 앞으로 나와서 50여 명씩 모여 앉으라고 해라."

제자들은 예수님 말씀의 뜻을 몰라 주저하니 예수님께서 앞으로 나가시며 크신 소리로,
"자, 다들 이 앞쪽으로 와라!
저 뒤에 있는 여인들과 아이들은 모두 남편과 아버지를 찾아서 앞쪽으로 나와 모여 앉아라!
우리 모두 유월절 저녁을 먹도록 하자!"

예수님께서 외치시니 제자들도 용기를 얻어 큰 소리로,
"자, 다들 앞쪽으로 가서 가족과 함께 앉으세요!
예수님께서 유월절 저녁을 위해 모여 앉으라고 하십니다!
자, 다들 자기 가족들과 함께 모여 앉으세요!"

2만여 명이나 되는 사람들이 모여 앉기 전에는 앞쪽에 주로 남자들이

있었고 뒤쪽에 여인들과 아이들이 흩어져 있었다. 그러므로 처음에
는 군중의 길이가 무려 1킬로나 되었는데 그들이 예수님 말씀에 따라
남자만 50에서 100여 명씩 즉 남녀노소 모두 합하면 200명에서 400여
명씩 그룹을 지어 모여 앉으니 70여 그룹밖에 안 되어 그 길이는 불과
200여 미터였다.

사람들이 모두 잔디 위에 모여 앉으니 예수님께서 빵 5개와 생선 2마
리가 싸인 보자기를 푸신 후 높이 드시고,
"아버지, 이 빵과 생선을 아버지 앞에 올려놓습니다.
아버지께서 엘리야 때 과부의 밀가루와 기름을 오랫동안 가득 채워주셨고
엘리사 때 과부와 두 아들이 풍족한 기름으로 살게 하셨습니다.
이제 아이가 가져온 이 빵과 생선으로 목자 없어 방황하며 고생하는 이 무
리를 풍족하게 먹여 주옵소서."

예수님께서 기도하신 후 제자들을 부르시며,
"내게서 빵과 생선을 받아 내가 너희에게 하듯 그룹의 장로나 가장에게 나
눠 줘서 그들도 자신의 그룹 사람들에게 나눠 주도록 해라.
너희가 그리하면 밤이 깊어지기 전에 모두 배불리 먹을 수 있을 것이다."

예수님께서 이 말씀을 마치시고 베드로에게 빵 5개와 생선 2마리를 주
셨다.

베드로가 깜짝 놀라며,

"아니 주님! 이게 어찌 된 일입니까!

주님께서 제게 분명히 빵 5개와 생선 2마리를 주셨는데 주님 손에는 여전히 빵 5개와 생선 2마리가 있으니.

세상에 어찌 이런 일이 있을 수가 있습니까?"

예수님께서 나머지 열한 제자에게도 똑같이 해주셨는데 예수님 손에는 여전히 빵 5개와 생선 2마리가 있었다. 예수님께서 하시는 것을 본 제자들은 용기를 내어 그룹의 장로나 가장에게 가서 예수님께서 하시듯 그들에게 빵과 생선을 나눠 줬다. 제자들이 그들에게 빵과 생선을 나눠 줘도 제자들 손에는 빵과 생선이 여전히 남아 있었다. 그룹의 장로나 가장도 제자들이 하듯이 그룹 사람들에게 그대로 했으며 장로나 가장 손에도 여전히 빵과 생선은 남아 있었다.

그곳의 모든 사람이 깜짝 놀라며,

"이 많은 우리가 모두 이 맛있는 빵과 생선을 이렇게 배불리 먹게 될 줄이야!"

"이 따스한 빵과 생선이 도대체 어디서 나온 것이지?"

"조상들은 하늘로부터 내려온 만나를 먹었는데 우리는 저 예수님으로부터 빵과 생선을 받아서 먹고 있으니 저분은 누구이신가?

혹 우리가 그토록 기다리던 그리스도이신가…."

아이들이 기뻐서 큰 소리로,
"예수님! 빵과 생선이 너무 맛있습니다!"

"예수님! 예수님은 최고예요. 최고!"

예수님께서 사람들이 모두 배불리 먹으며 즐거워하는 모습에 기뻐하셨다. 남자만 5천여 명 즉 아이들과 여인들을 포함하면 무려 2만여 명이나 되는 사람들이 모두 원하는 만큼 배불리 먹었다.

예수님께서 제자들에게,
"너희들도 많이 먹었느냐?"

베드로가 환히 웃으며,
"주님, 제 생전에 이렇게 맛있는 빵과 생선은 처음 먹어 봅니다, 하하하…."

다른 제자들도 모두 베드로와 같은 말을 하며 즐거워했다.

예수님께서 환히 웃으시며,
"그래, 이제는 저들이 다 먹고 남긴 빵과 생선이 그대로 버려지지 않도록 바구니에 모두 거둬라."

예수님 말씀에 따라 사람들이 배불리 먹고 남긴 빵과 생선을 거두니 열두 바구니나 되었다. 제자들이 남겨진 빵과 생선을 거두며 주변을 정리하니 사람들이 모여 수군거렸다.

사람들이 서로의 얼굴을 보며,
"예수님께서 이제 우리를 떠나시려는 것 같네요."

"우리 모두 저분을 우리의 왕으로 모십시다!
저분이 왕이 되시면 로마로부터 해방되지 않겠습니까!"

"어디 그뿐입니까!
먹을 것은 걱정 안 해도 될 것 같습니다!"

예수님께서 사람들 생각을 아시고 제자들을 불러 모으시고,
"너희들은 서둘러 배를 타고 가버나움으로 가라."

베드로가 상기된 얼굴로,
"주님, 고향 마을로 가서 오늘 밤은 그곳에서 쉬시지요."

"아니다, 여기에 더 머무르는 것은 저들에게도 너희에게도 좋지 않다."

안드레가 이상하다는 듯이,

"주님, 저들이 주님을 왕으로 모시고자 하며 주님을 좋아하고 있습니다."

"나는 이 땅에 왕이 되고자 온 것이 아니다.
나는 섬김을 받으러 온 것이 아니라 섬기러 왔다."

야고보가 실망스러운 표정으로 요한을 보며,
"주님께서 왕이 되셔야 우리도 한자리할 텐데…."

예수님께서 단호하신 표정으로,
"서둘러라! 너희가 먼저 건너가면 나도 바로 따라가마."

베드로가 예수님을 걱정하며,
"주님, 밤도 깊어 가고 밤공기도 차가운데 저희와 함께 가시지요."

"아니다, 나는 여기 남아 저들을 집으로 돌려보내고 가마.
내가 너희와 함께 가면 저들이 또 이 밤에 우리를 따라오지 않겠느냐?
자, 자, 어서들 서둘러 건너가라."

예수님 말씀에 제자들은 배를 타고 가버나움으로 향했다.

예수님께서 홀로 남으셔서 사람들에게 크신 소리로,
"자, 밤이 깊어 가니 어서들 집으로 가라!"

예수님께서 친히 사람들을 돌려보내시는 동안 유월절 밝은 달은 그들이 가는 길을 환하게 비췄다. 예수님께서 사람들을 돌려보내신 후에 홀로 산에서 밤새워 기도하셨다. 그런데 해뜨기 전 이른 새벽에 제자들이 탄 배가 바다 한가운데 이르자 갑자기 바람이 몰아치고 파도가 배를 덮치기 시작했다.

베드로가 어쩔 줄 모르는 제자들에게 큰 소리로,
"돛을 접고 노를 꽉 잡아라!
주님께서 가라고 하셨으니 괜찮을 것이다!"

안드레가 돛을 힘겹게 접으며,
"주님께서 안 계시는데도 우리가 이 바람과 파도를 이길 수 있을까?"

산에서 기도하시던 예수님께서 제자들이 바람과 파도에 고생하는 것을 보시고 물 위로 급히 걸어오셨다.

[예수님께서 물 위를 걸어서 제자들에게 오시는 속도가 얼마나 빠른지 마치 시간이 정지된 것 같았다.]

예수님께서 제자들에게 가까이 오시자 제자들이 깜짝 놀라고 두려워서,
"으악! 유령이다! 유령이야!"

예수님께서 크신 소리로,
"나다! 나니 두려워 말고 안심해라!"

베드로가 큰소리로,
"주님! 주님이시면 저보고 물 위를 걸어오라고 하세요!"

예수님께서 손을 저으시며,
"걸어와라!"

베드로가 조심스럽게 배 난간을 잡고 물 위에 서 보니 빠지지 않았다. 용기를 얻은 베드로가 예수님을 바라보며 가다가 거센 바람이 불자 겁을 내니 그만 물에 빠져들어 갔다.

베드로가 무서움에 큰 소리로,
"주님, 살려 주세요! 살려 주세요!"

예수님께서 베드로가 물속에 깊이 잠기기 전에 베드로 손목을 잡아 물 위로 베드로를 끌어 올리셨다.

[예수님께서 베드로에게 오셔서 손목을 잡아 물 위로 끌어 올리실 때는 어찌나 빠르셨던지 시간은 정지되고 예수님만 움직이시는 것 같았다.]

예수님께서 웃으시며,
"베드로야, 바람이 그렇게도 무섭더냐?"

베드로는 예수님을 꼭 잡고 어찌할 바를 몰랐다. 예수님께서 배에 오르시니 바람과 파도가 잠잠해지고 배는 어느덧 목적지에 도착해 있었다.

[예수님께서 배에 오르셨을 때도 시간은 정지되고 천사들은 배를 살짝 들어 목적지에 내려놓았다.]

제자들은 예수님께서 물 위를 걸어오신 것과 베드로를 물 위로 걷게 하신 것 그리고 예수님께서 배 위에 오르시자 갑자기 배가 목적지에 와 있는 것을 보고는 너무나 놀라서 입을 다물지 못하고 할 말을 잃었다.

베드로가 정신 차리며,
"주님, 어느새 배가 가버나움에 와 있네요!
어떻게 이런 일이 있을 수 있나요!"

"허허, 너희는 불과 몇 시간 전에 빵 5개와 생선 2마리로 그 많은 사람이 배불리 먹은 것을 벌써 잊었느냐?
아버지 일을 하는 자를 막을 수 있는 것은 없다.
아버지와 나를 믿는 자에게 불가능한 일은 없는 것이다."

예수님 말씀에 겨우 정신 차린 제자들은 그 자리에 엎드려 예수님께 절하며,

"주님, 주님께서는 참으로 하나님 아들이십니다."

예수님과 제자들이 가버나움에 도착하니 사람들이 곧 알아보고 그 근처 온 지방에 알리므로 많은 병자가 왔다. 예수님 옷만이라도 만지게 해 달라고 간청하며 만지는 병자들은 모두 다 나았다. 예수님께서 벳새다에서 기적을 행하셨을 때 있었던 사람들도 많이 왔다.

그때 예수님께서 사람들이 올바른 믿음을 갖게 되길 간절히 바라시며,
"너희가 나를 따라온 것은 믿음으로 기적을 깨달아서가 아니라 빵을 원하는 만큼 배불리 먹었기 때문이다.
이 땅의 썩어 없어질 양식이 아니라 영원한 생명의 양식을 위해 힘써 일해라!"

사람들이 소리 지르며,
"저희가 하나님 일을 하려면 어떻게 해야 합니까?"

예수님께서 크신 소리로,
"하나님께서 보내신 나를 믿은 것이 하나님 일이다!
인자인 내가 하늘에서 내려온 진정한 생명의 양식이다!
나의 살과 피를 먹고 마시는 자는 내가 마지막 날에 그를 반드시 다시 살릴

것이다!"

많은 사람과 많은 제자는 예수님의 이 말씀이 너무 어렵고 이해할 수
없다 하며 떠나 더는 예수님을 따르지 않았다.

예수님께서 남아 있는 열두 제자를 보시며,
"너희는 왜 내게서 떠나지 않느냐?"

베드로가 나서며,
**"주님, 영원한 생명의 말씀은 오직 주님께만 있는데 저희가 주님을 떠나
그 어디로 갈 수 있겠습니까!
저희는 주님께서 하나님의 거룩하신 아들이심을 진심으로 믿고 있습니다."**

예수님께서 자신을 하늘에서 내려온 생명의 양식이라 하시며 예수님
의 살과 피를 먹고 마셔야 영생이 있다고 십자가를 언급하시니 많은
사람은 예수님을 떠났다. 오늘날도 이 땅의 일에 마음을 빼앗겨 십자
가 말씀을 듣기 싫어하는 사람들은 예수님을 떠나고 있다.

┉ 제8막 ┉
고백

어느 날 예수님께서 제자들과 앉아 계시는데 바리새인들과 율법사들이 찾아왔다.

바리새인 라반이 예수님께 인사드리며,
"선생님, 안녕하세요?
선생님께서 많은 병자를 고치시며 여러 기적을 행하시는데 저희가 선생님을 하나님께서 보내신 분으로 알고 있어야 합니까?"

율법사 시므이가 예수님께 와서,
"선생님께서 세례 요한이 외쳤듯 하나님께서 보내신 어린 양으로서 성령으로 세례를 주시는 분이라면 저희에게 표적을 보여 주십시오."

예수님께서 그들을 안타깝게 보시며,
"이 세대는 내게 표적을 구하나 내가 너희에게 보여 줄 표적은 요나의 표적밖에 없다."

라반이 고개를 흔들며,

"3일 밤낮을 큰 물고기 배 속에 있다가 살아나온 요나의 표적입니까?
그렇다면 선생님도 3일 밤낮을 죽었다가 살아나기라도 한단 말입니까?"

시므이가 비웃으며,
"선생님도 요나처럼 욥바로 내려가서 배를 타야겠군요!
표적을 구하는 저희에게 마땅한 변명이 없으니 둘러대시는 것입니까?"

"내가 죽었다가 3일 후에 다시 살아나는 것이 너희에게 보여 줄 표적이다."

라반이 3년 전에 예수님께서 예루살렘 성전을 정화하시며 하신 말씀을 기억해서,
"3년 전에는 46년 동안 지은 성전을 헐면 3일 만에 다시 세운다고 하시더니 이젠 3일 만에 다시 살아난다고 하시니 도대체 무슨 뜻입니까?"

"내 말이 지금은 너희에게 가려 있지만 내가 죽은 자 가운데서 살아나면 그때는 너희도 알게 된다."

바리새인들과 율법사들이 떠나자 베드로가 예수님께 와서,
"주님, 주님께서 병자들을 고치시고 귀신을 쫓고 죽은 자를 살리셨습니다.
풍랑을 잠잠하게 하셨고 몇 개의 빵과 생선으로 수많은 사람을 먹이셨습니다.
이 많은 기적이 주님께서 그리스도임을 증명하는 표적이 아니면 무엇입

니까?"

예수님께서 제자들을 두루 보시며,
"너희도 내가 지금 하는 말을 잘 새겨들어야 한다.
기적을 체험한 사람들이 구원을 받는 것이 아니다.
사람은 물과 성령으로 다시 거듭나야 구원받는다.
내가 죽음에서 살아나면 너희는 성령을 받아 진정한 표적이 무엇인지 알게
된다.
그러므로 나는 이제껏 행한 기적들을 표적이라 하지 않고 요나의 표적밖에
보여 줄 것이 없다고 하는 것이다."

예수님께서 벳새다에 도착하시니 사람들이 한 소경을 데리고 와서 예
수님께서 손을 얹어 고쳐 주시길 간청드렸다.

예수님께서 소경 손을 잡고 마을 밖으로 데리고 가서 그의 두 눈에
침을 바르시고 손을 얹으신 후,
"뭐가 좀 보이느냐?"

예수님 말씀에 소경은 눈을 뜨고 두리번거리며,
"나무들이 걸어 다니는 것처럼 사람들이 보입니다."

예수님께서 다시 그의 눈에 손을 얹으시니 눈이 밝아져 모든 것이 잘

보이게 되었다.

예수님께서 그를 보내시며,
"마을로 들어가지 말고 너를 기다리는 가족에게 가라."

베드로가 예수님께 여쭈며,
**"주님께서는 왜 병자들을 고쳐 주신 후 성전이나 제사장이 아닌 가족에게
로 가라고 하시는지요?"**

예수님께서 제자들을 둘러보시며,
"병든 사람도 고생이지만 그 가족도 고생은 마찬가지다. 너희가 하나님께
진심으로 감사하는 마음이 있으면 눈에 보이는 가족을 먼저 생각하고 배려
하는 것은 당연하다."

예수님께서 제자들을 데리고 빌립보 지방으로 가서서 홀로 한동안 기
도하셨다.

예수님께서 이 땅을 떠나실 때가 머지않았음을 아시고 제자들을 불러
가까이 앉게 하시며,
"사람들은 나를 누구라고 하느냐?"

베드로가 나서며,

"사람들은 주님을 세례 요한이 다시 살아났다고도 하고 엘리야나 예레미야나 옛 선지자 중 한 사람이 살아났다고도 합니다."

"그렇다면, 너희는 나를 누구라고 생각하느냐?"

제자들이 모두 대답하기를 주저하니 베드로가 나서며,
"주님은 그리스도시며 살아계신 하나님 아들이십니다!"

예수님께서 기뻐하시며,
"하늘에 계신 내 아버지께서 베드로 네게 알려 주시니 너는 참으로 큰 복을 받았다."

예수님께서 일어나셔서 제자들을 둘러보시며,
"너희는 잘 새겨들어야 한다.
나를 그리스도라고 고백한 반석 같은 믿음 위에 죽음도 이기지 못하는 권세를 가진 내 교회를 내가 세울 것이다."

예수님께서 제자들에게 자신께서 그리스도이심을 분명히 밝히시니 제자들은 크게 기뻐했다.

예수님께서 제자들의 그런 모습을 보시고 경고하시며,
"내가 그리스도임을 아직은 아무에게도 말하지 마라.

나는 반드시 예루살렘에 가서 대제사장들과 장로들과 율법사들에게 고난받고 죽어서 3일 후에 다시 살아날 것이다. 그 후에야 너희는 내가 아버지께서 보내신 그리스도임을 밝히 알게 된다.”

다른 제자들은 무슨 말을 해야 할지 몰라 주저하는데 예수님을 누구보다도 사랑하며 잘 모시기를 원하는 베드로는 예수님께서 고난받고 돌아가신다는 말씀에 북받쳐 오르는 슬픈 감정을 도저히 주체할 수가 없었다.

베드로가 예수님을 뒤에서 붙들며,
“주님, 그건 절대 안 됩니다!
주님께서 고난받으시고 돌아가실 수는 없습니다!”

예수님께서 베드로를 돌이켜 보시며,
“사탄아, 물러가라!
너는 하나님 일보다는 사람 일을 더 염려하는구나.
사람의 생각과 정을 이용하여 하나님 생각과 계획을 방해하는 것은 사탄이나 하는 짓이다.
베드로야! 너는 사탄이 주는 생각과 싸워 이겨야 한다!”

베드로는 하나님 생각과 계획을 모르고 단지 슬프고 안타까운 마음으로 생각 없이 예수님께 말씀드렸다가 크게 야단맞았다. 그러나 제자

중에 베드로가 가장 예수님을 신뢰하고 사랑하며 걱정하는 제자인 것은 예수님도 다른 제자들도 잘 알고 있었다.

베드로가 죄송한 마음으로 주저하며,
"주님, 주님께서 저를 이렇게 크게 나무라시는 것을 보니 제가 큰 잘못을 했습니다. 정말 죄송합니다….
그런데 주님, 사람 일은 무엇이고 또 하나님 일은 무엇인지요?"

"사람이 하나님 없이 하는 일은 영원한 것이 없으니 결국 낡고 없어지고 죽을 뿐이다.
하나님께서 내 이름으로 하시는 일은 영원히 남는다.
하나님 일은 살리되 끝까지 살리는 것이요 사람 일은 결국 죽고 또 죽이는 것이다."

예수님께서 이 말씀을 하신 후 6일이 지나 베드로, 야고보, 요한을 데리고 기도하시기 위해 산으로 올라가셨다. 예수님께서 기도하시는 동안 얼굴은 마치 빛나는 해 같았고 옷은 눈부시게 빛났다. 그때 갑자기 모세와 엘리야가 예수님 앞에 나타나더니 예수님께 무릎을 꿇으며 인사드렸다. 예수님께서 모세와 엘리야를 일으키시며 반갑게 맞으셨다. 그때 제자들은 깊이 잠들어 있었다.

모세가 공손히 손을 모으며,

"저희는 성경의 모든 선지자와 예언자들을 대표해서 하나님의 유월절 어린 양이신 주님을 뵈러 왔습니다.
영광중의 영광입니다, 주님."

엘리야가 예루살렘 쪽을 바라보며,
"주님께서는 얼마 후 성경대로 예루살렘 성 밖에서 돌아가실 것입니다.
그러나 주님께서 죽음을 정복하시고 부활하심으로 하늘에 계신 하나님의 큰 영광을 드러낼 것입니다."

모세와 엘리야가 예수님께 말씀드리고 있을 때 제자들이 잠에서 깨어나 예수님의 영광스러운 모습과 모세와 엘리야를 보고 너무 놀라 엎드렸다.

모세와 엘리야가 예수님께 인사드리고 떠나려 하자 베드로가 고개를 들며,
"주님, 저희가 주님과 함께 여기서 지내면 얼마나 좋겠습니까!
주님께서 원하신다면 저희가 주님과 모세와 엘리야를 위해 이곳에 초막 셋을 지어드리겠습니다."

베드로는 예수님의 영광스러운 모습과 모세와 엘리야를 보고서 너무 놀라 무슨 말을 하는지조차 몰랐다. 그때 빛난 구름이 그들을 덮으며 구름 속에서 하나님의 근엄하신 음성이 들렸다.

"이는 내가 사랑하고 기뻐하는 아들, 내가 택한 아들이다!
너희는 그의 말을 들어라!"

제자들은 하나님 음성을 듣고 너무 두렵고 떨려서 어쩔 줄 모르며 바싹 엎드렸다.

예수님께서 엎드려 있는 제자들에게 가까이 오셔서,
"두려워 말고 일어나라."

제자들이 예수님 말씀을 듣고 고개 들으니 모세와 엘리야는 보이지 않고 오직 예수님과 제자들뿐이었다. 그리고 예수님께서는 다시 이전의 모습이셨다.

예수님께서 제자들을 일으키시며,
"자, 이제 내려가자."

예수님께서 산에서 내려오시는 길에 제자들에게 엄히 경고하시며,
"내가 죽음에서 다시 살아날 때까지 오늘 너희가 산에서 본 것은 아무에게도 말하지 마라."

베드로가 예수님 말씀과 산에서 이뤄진 일을 이해할 수가 없어서 고개를 갸우뚱거리며,

"주님, 율법사들은 왜 엘리야가 그리스도보다 먼저 와서 그리스도의 길을 준비해야 한다고 말합니까?"

"그 말은 맞는 말이니 세례 요한이 그 사명으로 왔다.
그러나 사람들은 세례 요한이 엘리야의 사명으로 온 것을 알지 못하고 세례 요한을 함부로 대하다가 죽였다."

예수님 말씀에 제자들은 세례 요한이 엘리야의 사명으로 온 것을 알게 되었다. 그러나 예수님께서 고난받으시고 돌아가신다는 말씀은 아직도 제자들에게 가려져 있어서 깨달을 수가 없었다.

⤖ 제9막 ⤖

세금

예수님께서 가버나움 집안에 계실 때 베드로는 문 앞에 있었다.

그때 성전세를 걷는 징수인이 찾아와서 베드로를 보자 비웃으며,
"당신네는 자주 가버나움을 떠나 어딘가를 가니 성전세 받기가 힘듭니다.
당신의 선생은 성전을 자신의 아버지 집이라고 둘러대며 성전세도 안 내는
것 아닙니까?"

베드로가 단호한 표정으로,
"우리 선생님을 그리 표현하다니 무슨 무례한 말입니까?
우리 선생님께서는 물론 성전세를 내십니다."

제사장들은 사람들을 시켜 집마다 다니며 성전세를 걷었다. 성전세는
한 사람당 반 은전이었는데 편의상 보통 두 사람이 한 은전씩을 냈다.
베드로와 징수인이 이야기를 하고 있을 때 예수님께서는 골방에서 기
도하고 계셨다.

예수님께서 무릎 꿇으시고,

"아버지, 십자가의 시간이 다가오고 있습니다.

제가 예루살렘을 향해 담대히 갈 수 있도록 도와주옵소서.

그 길을 가는 데 어떤 것도 걸림돌이 안 되게 하옵소서…."

예수님께서 기도하실 때 두 천사가 예수님 곁에 손을 모으고 서 있었다.

기도를 마치신 예수님께서 일어나시며 두 천사에게,

"너희는 지금 갈릴리 바다로 가서 입이 큰 고기를 잡아 그 입에 은전 1개를 넣어라.

그리고 베드로가 낚싯줄을 내리면 첫 낚싯바늘에 그 고기를 끼우고 다른 낚싯바늘에도 큰 고기 몇 마리 끼워라."

두 천사가 고개 숙이며,

"네, 주님, 잘 알겠습니다."

두 천사가 예수님 곁을 떠나자 베드로가 방문 밖에서,

"주님, 저 베드로입니다.

드릴 말씀이 있는데 좀 들어가도 괜찮겠습니까?"

"어서 들어와라."

베드로가 방으로 들어오자 예수님께서 웃으시며,

"베드로야, 네게 물어볼 말이 있다."

예수님께서 베드로에게 먼저 말씀하시니 베드로가 머쓱하여,
"아, 네, 주님, 말씀하시지요."

"세상 왕은 자기 자녀들에게도 세금을 걷느냐?"

"아닙니다, 왕의 자녀들은 세금을 내지 않습니다."

"네 말처럼 왕의 자녀들은 세금을 내지 않아도 된다."

"그런데 주님, 갑자기 그 말씀은 왜 하시는지요?"

"성전이 내 아버지 집이니 너희 아버지 집이기도 하다.
그러므로 우리는 성전세를 내지 않아도 된다.
그러나 우리가 이 땅에서 성전세를 내는 것은 그런 작은 일로 귀한 복음이
가려지면 안 되기 때문이다."

**"아, 네, 주님, 그렇군요.
그러잖아도 조금 전에 성전세 징수인이 찾아와서 주님께서 세금을 내시고
있냐고 물었습니다."**

예수님께서 웃으시며,

"그랬구나. 그렇다면 베드로야, 너는 지금 바다에 가서 고기를 잡아라."

"아니 주님, 점심때가 다 돼 가는 이 한낮에 고기를 잡으라고요?"

"많이 잡을 것 없이 몇 마리만 잡으면 된다.
맨 처음 잡히는 고기의 입을 열면 은전 1개가 물려 있을 것이니 그 은전을 꺼내 나와 너의 성전세를 내고 고기들은 우리가 점심으로 먹자."

베드로가 주저하면서,
**"네, 주님께서 말씀하시니 그리 해 보긴 하겠습니다.
그럼, 주님, 시장하시더라도 조금만 기다려 주시면 제가 얼른 다녀오겠습니다."**

베드로는 예수님께서 시장하셔서 말씀하신 것으로 생각하며 서둘러 낚싯대를 챙겨 바다로 갔다. 한낮인데도 베드로가 낚싯줄을 던지니 바로 큰 고기 서너 마리가 잡혀 올라왔다.

[베드로가 낚싯줄을 내리니 고기 입에 은전을 넣어두었던 천사는 먼저 그 고기 입에 낚싯바늘을 끼우고 나머지 낚싯바늘에도 고기들을 끼웠다.]

예수님 말씀대로 베드로가 처음 낚아 올린 고기 입에는 은전 1개가 물려 있었다.

깜짝 놀란 베드로는 예수님께 달려와서 큰 소리로,
"주님! 주님! 큰 고기들을 잡았습니다!
아, 주님, 글쎄 주님 말씀대로 처음 잡힌 고기 입을 여니 은전 1개가 물려
있질 않겠습니까?
고기가 은전을 물고 있다니 세상에 별일이 다 있습니다.
하하하….."

"그래, 잘했다.
나는 고기를 굽고 있을 테니 너는 그 징수인을 찾아가 나와 너의 성전세로
은전을 내고 와라.
얼른 다녀와서 네가 잡은 고기로 점심을 먹자."

"네, 주님, 제가 얼른 다녀오겠습니다."

베드로가 징수인에게 갔다 오는 동안 예수님께서 고기를 구우시며 다
른 제자들도 돌아오길 기다리셨다.

베드로와 제자들이 돌아오자 예수님께서 반갑게 맞으시며,
"자, 어서들 와서 점심들 먹어라.

점심때가 지나서 배들 고프겠구나."

제자들은 점심 밥상에 큰 고기들이 올라와 있는 것을 보고 놀랐다.

안드레가 웃으며,
"아니 주님, 이 큰 고기들은 다 어디서 난 것입니까?
저희가 고기 잡은 지도 꽤 오래됐는데요….'

베드로가 으쓱대며,
"주님께서 말씀하시기에 조금 전에 내가 바다에서 낚시로 잡았지.'

안드레가 놀라며,
"형이 한낮에 낚시해서 이 큰 고기들을 잡았다고?"

베드로가 한 고기를 가리키며,
"그럼, 그것뿐만 아니야.
입 큰 이놈의 입에는 은전 1개가 물려 있어서 주님과 나의 성전세도 낸걸,
하하하….'

예수님과 제자들은 모두 기뻐하면서 한자리에 앉아 점심을 맛있게 먹었다.

성찬

예수님께서 복음을 선포하시기 시작하신 이후로 4번째가 되는 유월절에 예수님과 제자들은 예루살렘에 있었다.

베드로가 예수님께 와서,
"주님, 저희가 주님께서 잡수실 유월절 음식을 어디에 준비할까요?"

예수님께서 베드로와 안드레에게,
"너희가 성안에 들어가 물통을 지고 가는 사람을 만나면 따라가서 그가 들어가는 집의 주인에게 내가 제자들과 함께 유월절 음식을 나눌 방을 찾고 있다고 해라.
그러면 그가 2층의 넓은 방을 너희에게 보여 줄 것이니 그 방에 유월절 음식을 준비하면 된다."

베드로와 안드레가 예루살렘 성안에 들어가니 예수님 말씀 그대로였다.

베드로가 집주인에게,
"예수님과 함께 유월절 음식을 나눌 방을 찾고 있습니다만 혹 저희가 쓸 만

한 큰 방이 있을까요?"

주인이 반갑게 맞이하며,
"네, 그러잖아도 예수님께서 이곳에 오셨다는 말씀을 듣고 저희 집에 모시고 싶었습니다.
2층에 넓은 방이 있으니 그곳을 편히 쓰시면 됩니다.
예수님을 저희 집에 모시게 되어 큰 영광입니다."

유월절 전날에 예수님께서 이 세상을 떠나 아버지께로 가실 때가 가까운 것을 아시고 제자들을 마지막까지 사랑하셨다. 한편 마귀는 이미 예수님에 대해 불평불만 가득한 가룟 유다 마음에 예수님을 배신할 생각을 넣었다.

예수님께서 식사 중에 일어나셔서 겉옷을 벗으시고 수건을 허리에 두르시고 대야에 물을 담으셨다.

베드로가 놀라 자리에서 일어나며,
"주님, 제가 뭐 거들 일이라도 있습니까?"

예수님께서 손을 저으시며,
"아니다, 너희는 그냥 자리에 앉아 있기만 하면 된다."

예수님께서 물이 담긴 대야를 가지고 예수님 왼쪽에 앉아 있던 요한에게 가서서 그의 발을 씻기 시작하셨다.

요한이 크게 당황하여 발을 빼려고 하며,
"아니 주님, 왜 이러십니까?
이는 하인이나 하는 일이 아닙니까?
주님, 제게 이러시면 안 됩니다⋯."

예수님께서 요한의 발을 잡으시며,
"요한아, 내가 하는 대로 그냥 가만히 있어라."

요한은 크게 당황하여 어찌할 바를 몰랐다. 예수님께서 요한의 발을 씻으시고 허리에 두르셨던 수건으로 닦으셨다. 다른 제자들에게도 똑같이 차례차례 그리 하셨다.

베드로가 혼잣말로,
"주님께서 왜 저러시는지 모르겠지만 다들 발을 내밀고 가만히 있다니 뭐가 잘못돼도 단단히 잘못됐어⋯."

마지막으로 예수님 오른쪽에 앉아 있던 베드로 차례가 되자 베드로가 자리에서 일어나 뒤로 물러나며,
"주님, 주님께서 제 발도 씻으려 하십니까?

절대 안 됩니다!
제가 주님 발을 씻어 드려도 부족한데 어떻게 주님께서 제 발을 씻으려고
하십니까?
저는 절대 제 발을 주님께 내어드릴 수가 없습니다!"

예수님께서 베드로를 한쪽 무릎을 꿇으신 채 올려보시며,
"베드로야, 내가 왜 이렇게 하는지 네가 지금은 몰라도 훗날에는 알게 될
것이다.
그러니 지금은 내가 하는 대로 가만히 있어라."

베드로가 한 걸음 더 뒤로 물러서며,
"주님, 절대 안 됩니다!
주님께서 제 발은 절대 못 씻으십니다!"

예수님께서 베드로를 자상하신 눈으로 보시며,
"베드로야, 내가 너를 안 씻으면 너는 나와 아무런 상관도 없게 되는데 그
래도 괜찮으냐?"

베드로가 예수님 말씀에 놀라 얼른 손과 머리를 내밀며,
"주님, 그렇게 말씀하신다면 제 발뿐만 아니라 제 손과 머리까지도 다 씻
어 주십시오!
네, 네, 다 씻어 주세요, 주님!"

예수님께서 베드로 행동에 웃음을 참지 못하시고,
"허허, 베드로야, 이미 목욕한 사람은 온몸이 깨끗하니 발만 씻으면 된다.
너희는 이미 내 말을 믿고 나를 따르고 있어 발만 씻어도 충분하니 굳이 손
과 머리까지 씻을 필요 없다."

예수님께서 이 말씀을 하시고 잠시 생각에 잠기시더니,
"그렇다고 너희가 모두 다 깨끗하다는 뜻은 아니다."

예수님께서 베드로 발을 씻으신 후 겉옷을 입으시고 자리에 앉으셨다.
예수님께서는 이미 배신할 자가 누군지 아시므로 다 깨끗한 것은 아니
라고 말씀하셨다.

예수님께서 제자들을 둘러보시며,
"너희는 내가 왜 너희 발을 씻어 줬는지 알겠느냐?"

제자들은 무슨 영문인지 몰라 동그래진 눈으로 서로 얼굴만 멀뚱멀뚱
바라보고 있었다.

예수님께서 제자들을 사랑스럽게 보시며,
"너희는 나를 선생님 또는 주님이라고 부르는데 사실이 그러니 그렇게 부
르는 것이 맞다.
내가 너희의 선생님과 주님으로서 너희의 발을 씻었으니 너희도 서로 발을

씻어 줘야 하지 않겠느냐?

내가 너희에게 그렇게 한 것은 너희도 나처럼 하라고 본을 보인 것이다.

내가 너희를 섬기고 사랑한 것처럼 너희도 서로 섬기며 사랑해야 한다."

예수님께서 이 말씀을 하시고 빵을 쪼개시며,

"내가 고난을 받기 전에 너희와 함께하는 이 유월절 식사를 얼마나 간절히 원했는지 모른다.

유월절의 진정한 의미가 아버지 나라에서 온전히 이루어질 때까지 나는 유월절 음식을 먹지 않을 것이다."

베드로가 고개를 갸우뚱거리며,

"주님, 유월절 의미가 아버지 나라에서 온전히 이루어진다는 것은 무슨 뜻인지요?"

예수님께서 창문을 넘어 골고다 언덕 쪽을 바라보시며,

"내가 들림으로써 하늘에서 뜻이 다 이루어진다.

그리고 나를 믿고 구원받은 하나님 자녀들이 모두 돌아오게 되면 비로소 유월절이 온전히 이루어진다.

그러므로 아버지께서 나의 들림으로 하늘에서 아버지 뜻을 다 이루시는 것 같이, 땅에서는 나의 이름으로 구하는 너희를 통해 아버지 뜻이 다 이루어지기를 너희는 간절히 기도해야 한다."

Jesus & Peter

안드레가 이해가 안 되는 표정으로,
"주님, 다음부터는 유월절을 어떻게 지내야 하나요?"

예수님께서 떠나실 생각에 제자들을 안쓰럽게 보시며,
"유월절은 내가 들림으로 다 치르는 것이니 더는 어린 양 희생은 없어도
된다.
내가 너희를 다시 만날 때는 혼인 잔치와도 같아 기쁜 마음으로 빵과 포도
주를 먹고 마실 것이다."

베드로가 슬픈 표정으로,
"주님, 왜 자꾸 저희를 떠나시는 것같이 말씀하시나요?"

"내가 하는 말의 뜻을 지금은 너희가 알 수가 없으나 내가 죽은 자 가운데
서 살아난 다음에는 너희가 밝히 이해하게 될 것이다."

베드로가 눈물을 글썽이며,
**"주님, 주님께서 이렇게 직접 말씀해 주셔도 잘 이해가 안 되거늘 주님께
서 저희를 떠나시면 저희가 어떻게 주님 말씀을 이해할 수 있겠습니까?"**

예수님께서 위를 보시고 제자들을 보시며,
"내가 너희를 떠나는 것이 너희에게 유익하다.
내가 너희를 떠나면 성령이 너희에게 와서 이 모든 것을 생각나게 하고 또

깨우쳐 줄 것이다."

예수님께서 이 말씀을 하시고 빵을 들고 기도하시며,
"아버지, 아버지께서 제게 맡겨 주신 이들에게 제 살을 떼어 주듯 이 빵을
떼어 줍니다.
이 빵을 믿음으로 먹는 자마다 영생을 누리게 하옵소서."

예수님께서 빵을 떼어 일일이 제자들에게 주시며,
"너희는 내가 주는 이 빵을 받아먹어라.
이 빵은 너희를 위해 주는 내 몸이니 내가 너희에게 다시 오는 그날까지 너
희도 이처럼 하며 나를 기억해라."

예수님께서 식사 후에 포도주를 잔에 채우시고 높이 드시며,
"아버지, 아버지께서 제게 맡겨 주신 이들과 함께 유월절 잔을 나누게 하
심에 감사드립니다.
이들에게 제 피를 나눠 주듯 이 잔을 나눕니다.
이 잔을 믿음으로 마시는 자마다 죄 사함을 영원히 누리게 하옵소서."

예수님께서 잔을 베드로에게 주시며,
"이 잔을 받아 너희가 모두 나눠마셔라.
이 잔은 너희 죄 사함을 위해 흘리는 나의 피 곧 너희를 위한 새 언약의 피
이다.

그러므로 내가 너희에게 다시 오는 그날까지 너희도 이처럼 하며 나를 기억해라."

예수님께서 잠시 생각에 잠기셨다가,
"내 아버지 나라에서 내가 너희와 함께 새것을 마시게 될 때까지 나는 포도나무에서 난 것은 마시지 않을 것이다."

예수님께서 살과 피라는 말씀을 하시며 다시는 포도주를 안 마신다고 하시니 제자들이 숙연해졌다.

베드로가 용기를 내어 예수님께,
"주님, 주님께서 벳새다에서 5병2어의 기적을 행하실 때 빵을 떼어 주시던 것이 기억납니다.
그때도 주님의 살과 피를 먹고 마시는 자에게 영생이 있다고 하셨지요⋯."

예수님께서 괴로워하시며,
"너희 모두에게 영생이 있다는 것은 아니다.
나와 함께 빵을 먹는 너희 중 하나가 배신하여 나를 팔 것이다."

베드로가 자리에서 벌떡 일어나며,
"주님, 절대 그런 일은 없습니다!
그리돼서도 안 되고 그리될 수도 절대 없습니다!"

예수님께서 눈을 감으시고,

"내 빵을 먹는 자가 내게 발꿈치를 들었다고 하는 성경 말씀은 이뤄져야
한다."

안드레가 다른 제자들을 둘러보며,

**"누가 감히 주님을 배신할 수 있겠습니까?
저는 절대 그럴 리 없습니다!"**

나머지 제자들도 모두 예수님을 배신하지 않는다고 했다.

예수님께서 제자들을 두루 보시며,

"나는 성경 기록대로 갈 길을 가지만 나를 파는 자는 참 불행하니 그는 태
어나지 않았다면 오히려 나았을 것이다.
내가 너희에게 미리 말하는 것은 그런 일이 일어나면 내가 누구라는 것을
너희로 믿게 하기 위함이다."

예수님께서 말씀하실 때 요한은 예수님 품에 기대고 있었다. 베드로가
요한에게 예수님을 배신할 자가 누구인지 알아보라고 눈짓했다.

요한이 예수님 품에 그대로 기댄 채,

"주님, 주님을 배신할 자가 누구인가요?"

예수님께서 잠시 머뭇거리시더니,
"내가 빵을 적셔서 주는 자이다."

마침 가롯 유다가 자신 앞에 놓인 빵을 다 먹고 옆에 있던 빵을 집으려고 하다 예수님 말씀에 당황하며,
"선생님, 저, 저는 아니지요?"

예수님께서 빵을 적셔서 가롯 유다에게 주시며,
"그건 네 말이다.
이제 너는 가서 네가 하고자 하는 일을 해라."

가롯 유다는 예수님께서 빵을 주시자 움칫하다가 받아서 먹었다. 그때 사탄은 가롯 유다에게 들어갔고 유다는 곧 일어나 밖으로 나갔다. 제자들은 유다가 돈주머니를 관리하므로 예수님께서 유다에게 명절 준비를 시키셨거나 가난한 사람들에게 무엇을 주라고 시키셨다고 생각했다.

예수님께서 가롯 유다가 나가자,
"이제는 내가 영광을 받게 되었고 아버지께서도 나를 통해 영광을 받으시게 되었다.
내가 너희에게 새 계명을 주니 잘 새겨들어라.
너희는 서로서로 사랑해라.

내가 너희를 사랑한 것같이 너희도 서로 사랑해야 한다.

너희가 서로 사랑하면 사람들이 너희의 사랑을 보고 내 제자라는 것을 알게 될 것이다."

예수님께서 공생애 동안 4번 유월절을 지내셨다. 첫 번째 유월절에는 성전을 정화하셨고 두 번째에는 베데스다의 38년 된 병자를 고치셨으며 세 번째에는 벳새다에서 5병2어의 기적을 행하셨고 마지막에는 골고다 십자가에서 유월절 하나님의 어린 양으로서 피를 흘리시며 숨을 거두셨다.

하나님께서 유월절을 지키라고 하셨던 뜻과 목적은 예수님 십자가로써 다 이루어졌다. 유월절은 하나님 자신이 유월절의 어린 양이 되셔서 피 흘리시기까지 우리를 찾도록 찾으시며 끝까지 기다리시는 사랑이셨다.

예수님 사랑은 끝까지 포기치 못하시는 사랑이셨다. 예수님께서는 십자가를 목전에 두시고도 배신할 가룟 유다의 발까지도 친히 씻겨 주시는 사랑의 주님이셨다.

왜 배신할 가룟 유다의 발까지 씻겨 주셨을까?
왜 배신할 가룟 유다에게도 빵을 떼어 주셨을까?
왜 배신할 가룟 유다에게도 언약의 잔을 주셨을까?

예수님께서 가룟 유다가 예수님을 팔아넘길 것을 미리 알고 계셨지만 그를 불쌍히 여기실 뿐 미워할 수도 없는 사랑이시기에 또 그가 가게 될 길을 아시면서도 끝까지 기회를 주시고 기다리시고 참으시는 사랑이시기에 그리 하셨다.

부인

예수님께서 제자들을 떠나 아버지께 가실 것을 아시고 제자들 발을 친히 씻어 주시며 성찬식을 하셨다.

예수님께서 슬프신 표정으로 제자들을 보시며,
"오늘 밤에 너희가 다 나를 떠나게 된다.
이는 내가 목자를 치리니 양들이 흩어지리라고 성경에 기록된 대로 되는 것이다.
그러나 내가 살아난 후에 너희보다 먼저 갈릴리로 가서 너희를 기다리겠으니 그곳에서 만나기로 하자….'

베드로가 크게 당황하여 슬피 울먹이며,
"주님, 지금 무슨 말씀을 하시는지요?
주님께서 옥에 가셔도 저는 주님만 따라가겠습니다.
저는 주님과 함께라면 죽을 각오도 되어 있습니다."

안드레도 울먹이며,
"저도 주님과 함께라면 죽을 각오가 되어 있습니다!

저희 모두는 주님께서 어디로 가시든 주님과 함께 갈 것입니다!"

제자들은 모두 죽더라도 주님과 함께 끝까지 가겠다고 했다.

예수님께서 제자들을 둘러보시고 베드로를 보시며,
"베드로야, 사탄이 키로 밀을 까부르듯이 너를 마음대로 하려고 하지만 나는 네가 믿음을 잃지 않도록 기도했다.
너는 뉘우치고 돌아오면 네 형제를 잘 돌봐줘야 한다."

베드로가 예수님 손을 잡으며,
"주님, 저는 절대 주님을 떠나지 않을 것입니다!"

다른 제자들도 모두 한목소리로,
"저희도 주님을 떠나는 일은 결단코 없을 것입니다!"

예수님께서 자리에서 일어나시며,
"자, 이제 때가 됐으니 다들 일어나 감람산으로 가자."

예수님과 제자들은 그 자리에서 아버지 하나님을 찬양하고 늘 가던 감람산으로 갔다. 그곳은 가룟 유다도 잘 알고 있었다. 늦은 밤 감람산 서쪽 기슭에 있는 겟세마네 동산에 도착하니 제자들은 슬픔과 피곤으로 많이 지쳐 있었다.

예수님께서 제자들을 불쌍히 여기시며 두루 돌아보시고 베드로를 보시며,

"내가 네게 미리 말해두니 잘 들어야 한다.

오늘 밤 닭이 2번 울기 전에 너는 나를 모른다고 3번 부인할 것이다."

베드로가 단호한 목소리로,

"주님, 결단코 그런 일은 없습니다.

제가 주님과 함께 죽을지라도 저는 결코 주님을 모른다고 부인하지 않을 것입니다!"

다른 제자들도 모두 한결같이,

"주님, 저희 중 누구도 주님을 부인할 자는 없습니다!"

예수님께서 힘없이 고개를 끄떡이시며,

"그래, 그래, 너희가 나를 생각하는 그 마음은 이미 내가 다 받았다.

너희 마음을 내가 모르면 그 누가 알겠느냐?

너희가 나를 택한 것이 아니라 내가 너희를 택한 것이다…."

예수님께서 많이 지치시고 괴로워하시며,

"내가 저기 가서 기도할 동안 너희는 여기 앉아서 시험에 들지 않도록 기도하고 있어라."

Jesus & Peter

제자들이 한목소리로,

"네, 주님, 알겠습니다."

예수님께서 베드로, 야고보, 요한을 따로 부르시며,
"너희는 나를 따라오너라.
내 마음이 심히 고민하여 매우 괴롭구나.
나는 저쪽에서 기도할 것이니 너희는 여기 남아서 유혹에 빠지지 않도록
기도하며 깨어 있어라."

베드로가 나서며,
"네, 저희도 열심히 기도하겠습니다."

예수님께서 제자들로부터 돌 던지면 닿을 만한 거리에 가서서 간절히
기도하셨다.

예수님께서 두 팔 벌리시고 얼굴을 땅에 대시고,
"아버지, 가능하다면 이 잔이 지나가기를 원합니다.
그러나 제 뜻대로 하지 마시고 아버지 뜻대로 하옵소서."

예수님께서 기도를 마치시고 돌아오셔서 슬픔과 피곤으로 지친 제자
들이 잠든 것을 보시고 안타까워하시며,
"너희는 나와 함께 한 시간도 깨어 있기가 힘들구나.

시험에 들지 않도록 깨어 기도해라.
마음은 간절하나 몸이 약하구나.”

제자들이 눈을 비비며,
“네, 주님. 그렇게 하겠습니다….”

예수님께서 다시 가셔서 땅에 엎드리시고,
“아바, 아버지, 아버지께서는 무엇이든 다 할 수 있으시니
이 잔을 치워 주옵소서.
그러나 제 뜻대로 하지 마시고 아버지 뜻대로 하옵소서.”

예수님께서 다시 돌아오셔서 제자들이 잠든 것을 보시고,
“아직도 자고 있느냐?
너희는 한 시간도 나와 함께 깨어 있을 수가 없구나.
너희는 깨어 있어 유혹에 빠지지 않도록 기도해라.
마음은 간절하나 몸이 약하구나.”

제자들이 죄송해하면서,
“네, 주님….”

제자들은 슬픔과 피곤으로 졸려 눈뜨고 있을 수가 없었다. 제자들은
예수님께 뭐라고 대답해야 할지 몰랐다. 예수님께서 또다시 같은 장소

에 가서서 간절히 기도하셨다.

예수님께서 무릎 꿇으시고,
"아버지, 아버지 뜻에 어긋나는 일이 아니라면 이 잔을 거두어 주옵소서.
그러나 제 뜻대로 하지 마시고 아버지 뜻대로 하옵소서."

예수님께서 무릎 꿇고 간절히 기도하시니 땀이 핏방울처럼 땅에 떨어졌다. 기도를 마치시고 제자들에게 오셔서 제자들이 피곤과 슬픔에 지쳐 잠든 것을 보시고 불쌍히 여기셨다.

예수님께서 제자들을 쓰다듬으시며,
"아직도 자고 있구나.
자, 이제 때가 됐으니 일어나자.
내가 죄인 손에 넘어갈 때가 되어 나를 팔아넘겨 줄 자가 가까이 와 있다."

예수님 말씀이 끝나기도 전에 가룟 유다가 천부장, 군병들, 대제사장의 하인들과 함께 왔다. 유다는 예수님과 제자들을 보자 두려움에 군병들 뒤로 갔다. 예수님께서 제자들보다 먼저 그들 앞으로 가셨다.

예수님께서 단호하신 목소리로,
"너희는 누구를 찾느냐?"

무리가 한목소리로,

"우리는 나사렛 예수를 찾고 있소! 나사렛 예수요!"

예수님께서 한 걸음 앞으로 가시며,

"내가 바로 나사렛 예수이다."

예수님께서 칼과 몽둥이를 든 무리에게 '내가 바로 나사렛 예수이다.'라고 하실 때 그들은 예수님 말씀의 위엄과 권위에 눌리고 놀라서 뒷걸음치다가 넘어졌다.

예수님께서 그들 앞으로 더 가시며,

"나는 너희가 누구를 찾고 있느냐고 물었다."

그들이 주춤주춤 일어나면서 두려워 떠는 목소리로,

"나, 나, 나사렛 예수입니다…."

예수님께서 제자들을 보시고 뒤로 가라고 손짓하시며,

"내가 바로 나사렛 예수라 하지 않았느냐?
너희가 나를 찾고 있다면 이 사람들은 가게 해라!"

예수님 말씀에 그들이 어찌할 바를 모르고 주저하고 있으니 가룟 유다가 '내가 바로 나사렛 예수이다.'라는 예수님 말씀에 용기 얻어 주춤주춤

Jesus & Peter

예수님께 다가왔다.

유다가 주춤하며 머뭇거리자 예수님께서 자상하신 목소리로,
"유다야, 네가 입맞춤으로 나를 파는구나…."

유다가 주저하면서 예수님 얼굴에 입 맞추며,
"서, 선생님, 안, 안녕하시지요…."

예수님께서 유다를 가만히 안아 주시며,
"그래, 유다야, 네가 하고자 하는 일을 하면 된다…."

가룟 유다는 무리에게 자신이 예수님께 입 맞추면 그것을 신호로 잡으라고 했다. 대제사장들은 군병들과 하인들에게 예수님을 잡을 때 같이 있는 제자들도 모두 잡아 오라고 했다. 유다가 예수님께 입 맞추니 대제사장의 하인 말고가 제일 먼저 나서서 예수님 앞으로 왔다. 그때 베드로가 달려나가 그에게 칼을 휘두르자 그의 오른쪽 귀가 잘려 땅에 떨어졌다.

말고가 고통스러워,
"으악! 내 귀…."

그 순간 예수님께서 베드로 손을 강하게 잡아채어 예수님 뒤로 물리시

고 즉시 말고 귀에 손을 대서서 원래 모습대로 고치셨다.

[예수님께서 베드로를 뒤로 물리시고 말고 귀를 고치실 때는 시간은 정지되고 예수님만 움직이셨다.]

말고는 자신의 피를 보고 오른쪽 귀를 만지며 깜짝 놀라서,
"내 귀는 분명 땅에 떨어져 있는데 귀도 멀쩡하고 아프지도 않고 피도 나질 않으니…."

모두 놀라 어찌할 바를 모르고 있을 때 예수님께서 베드로를 돌아보시며,
"베드로야, 네 칼을 치워라!
칼로 흥한 자는 칼로 망한다!
나는 저들과 싸울 12군단 천사들도 당장 부를 수 있으나 그리하면 성경 말씀이 어떻게 이루어지겠느냐.
아버지께서 주신 이 잔은 내가 마셔야 한다."

예수님의 단호하신 말씀에 제자들도 칼과 몽둥이를 든 무리도 모두 얼어붙은 모양이 됐다.

예수님께서 무리를 보시며,
"너희는 내가 마치 강도라도 되는 양 칼과 몽둥이를 들고 나를 잡으러 왔

구나.

너희는 내가 날마다 성전에 앉아 가르칠 때는 왜 나를 잡지 않았느냐?

그러나 이 모든 일이 이렇게 된 것은 내가 선지자의 글을 모두 이루기 위함이다.

지금은 너희 때이고 어두운 권세가 지배하는 때이니 어서 나를 잡아가라!"

예수님 말씀이 끝나자 군병들과 하인들은 예수님을 묶어 안나스 집으로 끌고 갔다. 그는 대제사장 가야바의 장인이었다. 이때 제자들은 무섭고 두려워서 모두 다 예수님을 버리고 도망갔다. 군병들과 하인들은 예수님 호통에 정신을 빼앗겨 제자들도 모두 잡아 오라는 명령을 까맣게 잊어버렸다. 제자 중 베드로와 요한은 도망치다가 다시 몰래 돌아와서 멀찌감치 무리 뒤를 따라가며 예수님께서 안나스 집으로 끌려가시는 것을 확인했다.

베드로가 요한에게

"요한, 자네는 안나스 집의 하인들을 알고 있지 않은가?

나를 하인에게 얘기해서 안나스 집에 들어가게 해 주게.

예수님께서 어찌 되시는지 나라도 봐야 하지 않겠는가."

요한이 주저하면서,

"문지기 하인에게 얘기는 하겠지만….

나는 얘기만 해 주고 집으로 가겠소."

요한이 안나스 집 문지기 하인에게 말하여 베드로가 집에 들어갈 수 있도록 했다. 안나스 집 뜰까지 들어간 베드로가 앉아서 숯불을 쬐려고 하는데 마침 그때 그 집 지붕 위에 있던 닭이 크게 울었다.

한 여종이 베드로를 유심히 보더니,
"당신은 잡혀 온 저 예수라는 사람의 제자 중 하나가 아닙니까?"

베드로가 손을 내저으며,
"무, 무, 무슨 소리! 내가 저 사람의 제자라니….
나는 저 사람을 모른다!"

베드로는 여종을 피해 구석의 숯불 가로 가서 예수님을 지켜봤다.

한편 안나스는 거만하게 앉아서 예수님을 심문하며,
"당신을 따르던 제자들은 다 어디 갔소?"

안나스는 예수님과 함께 제자들도 모두 잡아 오라고 명령했으나 제자들이 안 보이자 안나스 첫 질문은 제자들에 관한 것이었다.

예수님께서 대답을 안 하시니 안나스가 자리에서 벌떡 일어나서 군병들과 하인들에게 크게 화를 내며,
"같이 있던 제자들은 다 어디 갔느냐?

내가 그들도 모두 잡아 오라고 하지 않았느냐!"

군병들과 하인들이 안나스의 호통에 떨며,
"대제사장님, 이 사람과 같이 있던 자들은 모두 다 이 사람을 버리고 뿔뿔
이 흩어져 도망갔습니다."

안나스가 예수님께 가까이 다가와서,
"당신 제자들은 지금 어디 있소!"

이를 미리 알고 계셨던 예수님께서는 군병들과 하인들이 오자 제자들
을 뒤로 물리시고 한 걸음 더 그들 앞으로 나가셔서 그들이 찾고 있는
나사렛 예수이심을 친히 밝히시면서 제자들은 가게 하라고 말씀하셨
던 것이었다. 이로써 예수님께서는 '아버지께서 내게 주신 자들은 하나
도 잃지 않았습니다.'라는 성경을 이루셨다.

제자들에 관한 안나스 질문에 예수님께서 눈감고 묵묵히 계시니 안나
스가 뭐라도 뒤집어씌워야 한다는 생각으로,
"당신이 무엇을 가르치고 다녔기에 그렇게 많은 사람이 당신을 따르는 것
이오?"

예수님께서 눈뜨시며 단호하신 큰 목소리로,
"내가 사람들에게 무엇을 가르쳤는지는 너희 사람들도 다 잘 알고 있으니

그들에게 물어봐라!"

그때 안나스 하인이 손바닥으로 예수님 뺨을 치며,
"감히 대제사장님께 그런 식으로 대답하다니!"

예수님께서 하인을 보시며,
"내가 말을 잘못했다면 잘못한 증거를 대라.
그러나 내가 한 말이 옳다면 너는 왜 나를 치느냐!"

하인은 예수님 말씀에 움찟하며 뒤로 물러났다. 안나스와 하인에 대한 예수님의 단호하신 태도와 말씀에 안나스와 군병들과 하인들은 당황했고 제자들에 관한 추궁은 까맣게 잊어버렸다. 이 이후로 예수님께서는 누구의 질문에도 거의 대답을 안 하시고 눈을 감으신 채 침묵하셨다. 예수님께서는 고난과 고초를 겪으시면서도 오직 제자들 생각밖에 없으셨다. 안나스는 예수님을 결박한 채 자기 사위인 대제사장 가야바에게 보냈다. 거기에는 율법사들과 장로들이 많이 모여 있었다. 베드로는 멀찍이 떨어져 무리를 따라 들어가 가야바 집 앞뜰에 앉아 하인들과 숯불을 쬐고 있었다.

가야바의 한 여종이 베드로를 보며,
"당신도 저 갈릴리 사람 나사렛 예수와 함께 있었지요?"

베드로가 일어나서 손을 저으며 주위 사람들을 보면서,

"나, 나는 네가 무슨 말을 하는지 도무지 모르겠다.

내, 내가 맹세하는데….

나, 나는 저 사람을 전혀 알지 못한다."

예수님께서 감람산에서 잡히실 때 그곳에 있었던 가야바의 한 하인이
베드로를 보고 사람들에게 베드로를 가리키며,

"이 사람도 나사렛 예수와 같은 패입니다!

이 사람이 바로 내 친척 말고의 귀를 자른 사람입니다!

갈릴리 사람 말투로 봐도 분명해요!"

베드로가 주위 사람들을 보며 뒷걸음치면서,

"무, 무, 무슨 말이냐?

내가 누구 귀를 잘랐다는 거야?

나, 나는 저 사람을 도무지 알지 못한다.

내 말이 거짓이라면 천벌이라도 받겠다…."

베드로가 3번째로 예수님을 부인하는 말이 채 끝나기도 전에 가야바
집 지붕 위에 있던 닭이 크게 울었다. 그때 예수님께서 몸을 돌이켜 베
드로를 측은히 보셨다. 베드로가 예수님과 눈이 마주치자 '오늘 밤 닭
이 두 번 울기 전에 너는 세 번 나를 부인하리라.' 하신 예수님 말씀이 생
각나서 밖으로 뛰쳐나갔다.

베드로가 통곡하며,

"오, 예수님, 예수님….

주님께서 돌이켜 저를 봐주시니 주님 말씀과 제가 했던 어리석은 말들이 생각납니다.

오, 예수님, 주님을 모른다고 3번씩이나 부인한 저는 죽음의 형벌을 받을 천하 죄인입니다.

오, 예수님, 이제 저는 어떻게 해야 합니까…."

한편 가룟 유다는 스스로 뉘우쳐 울면서 혼잣말로,

"내가 왜, 왜 내가 예수님을 팔았던가….

풍랑도 잠잠하게 하셨던 능력의 예수님은 왜 묵묵히 계시기만 하는가….

예수님은 단지 모세의 놋뱀처럼 높이 들리기 위해 오신 하나님의 어린 양 이란 말인가…."

유다는 예수님을 팔면서 받은 은전 30개를 가지고 성전으로 대제사장들과 장로들을 찾아갔다.

유다가 은전 30개를 그들 앞에 내놓으며,

"내가 죄 없는 분을 파는 큰 죄를 지었소.

그분은 죄가 없으신 분이시오.

그러니 나는 이 은전을 받을 수가 없소.

죄 없는 그분을 풀어주시오!"

안나스가 유다를 외면하며,

"네가 도대체 무슨 말을 하는지 모르겠구나.

또 네가 뭐길래 우리에게 이래라저래라 하느냐?

이 일은 네가 상관할 바가 아니다."

유다가 은전 30개를 집어 들어 성전에 내던지며,

"그분에게 죄가 없음은 당신들도 잘 알고 있질 않소!"

유다가 성전 밖으로 뛰쳐나가서,

"이 일은 내가 감당할 수도 책임질 수도 없다.

도저히 견딜 수 있는 일이 아니다.

유일한 길은….

이 일을 회피할 수 있는 길은 내가 죽는 거다…."

가룟 유다는 그길로 달려가 스스로 목매달아 자살했다.

예수님의 사랑과 신임을 그토록 받던 베드로는 비록 예수님을 3번씩
이나 부인하여 예수님을 슬프게 하는 큰 잘못을 저질렀지만 결국 예수
님 말씀이 생각나서 살게 되어 예수님 부활의 증인이 되었다. 그러나
가룟 유다는 예수님을 배신 한 후에 스스로 뉘우치는 것 같았으나 하
나님이신 예수님이 아닌 사람에 불과한 대제사장들과 장로들을 찾아
가는 큰 잘못을 또 저질러 결국 자살하고 말았다.

잘못하는 것보다 더 큰 잘못은 잘못을 인정하지 않는 것이니 잘못을 인정할 때 비로소 은혜의 길이 열린다.

죄짓는 것보다 더 큰 죄는 죄를 시인하지 않는 것이니 죄를 시인할 때 비로소 용서의 문이 보인다.

예수님 은혜는 잘못을 인정하는 자에게 임하며,
예수님 용서는 죄를 시인하는 자에게 임한다.

예수님 은혜는 살되 예수님 사람답게 잘 살라는 것이고,
예수님 용서는 살되 예수님 사람으로 영원히 살라는 것이다.

사람이 잘못해도 예수님 바라보면 예수님께서 은혜 주시고 죄지어도 예수님 말씀 생각나면 예수님께서 용서하시지만, 사람이 잘못하고 죄짓고도 사람 찾고 사람 생각 따르면 그 잘못과 그 죄는 자신이 무겁고 힘겹게 짊어진다.

나의 잘못을 인정하고 나의 죄를 시인하며 예수님께 은혜와 용서를 구할 때 천국 가는 길이 열리고 천국 문은 보인다.

— 제12막 —
재회

예수님께서 십자가 죽음에서 부활하신 후 먼저 막달라 마리아, 야고보의 어머니 마리아, 살로메 등 여인들에게 나타나셨다. 막달라 마리아는 제자들에게 이 일을 알렸으나 그들은 듣고도 믿지 않았다.

마리아가 감격의 눈물이 가득한 얼굴로 제자들이 있는 집으로 들어가서,

"예수님께서 다시 사셨어요!

제가 이 두 눈으로 살아 계신 주님을 보았습니다.

이 두 손으로 못 자국 난 주님의 발을 만졌다니까요!

갈릴리로 가면 주님을 뵐 수 있다고 말씀하셨습니다.

그러니 어서들 가세요. 주님께서 기다리십니다!"

베드로가 눈물을 닦으며,

"마리아, 천사를 보았다는 얘기입니까 뭡니까?

주님께서 우리 눈앞에서 십자가에 달려 3일 전에 돌아가시는 모습을 우리가 모두 지켜보지 않았습니까…."

안드레도 눈물을 닦으며,

"3일 전에 요셉 무덤에 안치되셨는데 어떻게 살아나실 수 있다고 그런 말을 합니까?"

도마가 단호한 표정으로,

"못 박혀 돌아가신 것도 부족해 창까지 찔리신 분이 어떻게 다시 살아나셨다는 겁니까?
만약 살아만 계신다면 어딘들 못 가겠습니까?"

글로바가 긴 한숨을 내쉬며,

"저는 엠마오 집으로 가서 좀 쉬어야겠습니다."

맛디아가 일어서며,

"나도 같이 가세, 여기 있어 봐야 자꾸 눈물만 나고….
예수님과 함께 지내던 생각이 나서 견딜 수가 없네."

글로바와 맛디아는 예루살렘에서 10여 킬로 떨어진 엠마오로 힘없이 가면서 예수님을 기억하며 이야기했다.

글로바가 지치고 슬픈 표정으로,

"나는 예수님께서 이스라엘을 로마로부터 구원하실 분으로 생각했었지."

맛디아가 눈물을 닦으며,

"예수님께 무슨 죄가 있다고 대제사장들과 관원들은 십자가에 못 박다니,

이를 지켜만 보는 하늘도 무심하시지."

그때 예수님께서 부활하신 모습으로 글로바와 맛디아 옆에 나타나셔서,

"너희들은 길 가면서 무엇을 그리도 슬피 얘기하느냐?"

글로바와 맛디아가 가던 길을 멈추고 예수님을 봤어도 못 알아봤다.

글로바가 힘없는 목소리로,

"당신도 보아하니 예루살렘에서 오시는 것 같은데 최근에 있었던 일도 모

릅니까?"

예수님께서 온화하신 표정으로,

"무슨 일이 있었느냐?"

맛디아가 한숨을 몰아쉬며,

"나사렛 예수님의 일입니다.

그분께서는 말씀에 권위가 있으시며 기적을 행하셨습니다.

그런데 대제사장들과 장로들과 관원들이 그분을 십자가에 못 박았습니다."

글로바가 눈물을 흘리며,

"우리는 그분께서 이스라엘을 구원하신다고 믿었습니다.
그런데 저 골고다에서 돌아가신 지 3일이나 지났습니다."

맛디아가 울먹이며,
"예수님을 따르던 여인들이 오늘 새벽에 무덤에 갔더니 그분 시신은 못 보
고 천사를 만나 그분께서 살아나셨다는 말을 들었다고 합니다."

글로바가 목소리를 가다듬으며,
"그들 중 마리아는 예수님을 직접 뵈었다고도 했습니다.
그 말을 어떻게 믿을 수가 있겠습니까…."

예수님께서 그들을 긍휼히 보시며,
"너희는 왜 이리도 마음이 둔하고 선지자들이 말한 모든 것들을 마음에 더
디 믿느냐?
성경에는 그리스도가 그러한 고난을 받고 자기 영광에 들어가야 한다고 적
혀 있지 않으냐?"

맛디아가 예수님 얼굴을 한 번 더 보며,
"선생님은 모세와 선지자의 글을 잘 아시는 분 같습니다.
좀 더 자세히 말씀해 주시지 않겠습니까?"

예수님께서 그들과 함께 걸어가시며,

"모세가 광야에서 놋뱀을 장대 위에 달아 뱀에 물린 자들이 놋뱀을 바라보게 하여 그들을 살렸듯이 그리스도도 십자가에 달려 자기 백성을 구원해야 했다."

글로바가 새로운 깨달음에 감격하며,
"모세의 놋뱀 사건은 다름 아닌 그리스도의 십자가를 말해 주는 것이군요…."

예수님께서 하늘을 보시며,
"이사야는 그리스도의 고난으로 백성들이 구원받게 됨을 이렇게 적고 있지 않으냐?
그가 찔림은 우리의 허물 때문이요,
그가 상함은 우리의 죄악 때문이다.
그가 징계를 받음으로 우리가 평화를 누리고,
그가 채찍에 맞음으로 우리가 고침을 받았다."

맛디아가 가슴이 뜨거워지는 감동으로,
"아, 그렇군요! 이사야 선지자의 말씀이 그리스도를 가리키는지 몰랐습니다."

예수님께서 그리스도에 관해 적혀 있는 성경 말씀을 자세히 설명해 주셨다. 그리고 엠마오를 지나 계속 가시려고 했다.

글로바가 가던 길을 멈추며,
**"선생님, 저희 집에 잠깐 들리셔서 휴식을 취하신 후에 가시면 저희 마음
이 편하겠습니다."**

맛디아가 손을 모으며,
**"선생님, 괜찮으시다면 그렇게 하시지요.
날이 이미 많이 기울었습니다."**

예수님께서 자상하게 웃으시며,
"그래, 그럼 그렇게 하자."

예수님과 그들이 집에 들어가니 십자가 가까이 있었던 글로바의 아내
마리아가 손발 씻을 물과 수건을 가지고 나왔다. 그러나 마리아도 예
수님을 못 알아봤다.

마리아가 예수님께 인사드리며,
"안녕하세요, 잘 오셨습니다."

마리아가 글로바와 맛디아를 보며,
**"고생들이 많았습니다.
제가 얼른 저녁을 준비하겠습니다."**

조금 후 마리아가 식사를 준비하자 모두 식탁에 둘러앉았다.

예수님께서 빵을 양손으로 드시고,
"아버지, 일용할 양식에 감사드립니다.
제 살을 떼어 주듯 이 빵을 떼어 줍니다.
이들의 눈과 귀를 열어 주옵소서…."

예수님께서 빵을 떼어 제자들에게 주시니 제자들 눈이 밝아져 이제껏 그들과 함께 계시던 분이 예수님이심을 알게 되었으나 예수님께서는 그 자리에 안 계셨다.

글로바가 깜짝 놀라며,
"오, 주님, 오, 예수님, 주님께서는 실로 그리스도이시며 살아 계신 하나님의 아들이십니다…."

맛디아도 깜짝 놀라 사방을 둘러보며,
"주님께서 길에서 성경을 풀어주실 때 우리 마음이 왜 그렇게 뜨거운가 했더니…."

글로바가 활짝 웃으며,
"자, 우리 서둘러 예루살렘으로 돌아가서 이 기쁜 소식을 모든 형제자매에게 전하세!"

맛디아가 자리에서 일어서며,
"우리 예수님께서 살아계신다고 서둘러 전하러 가세!
할렐루야! 할렐루야! 오, 주님 감사합니다….”

글로바 아내 마리아도 눈물을 닦으며,
"오, 나의 주님 다시 살아나셨군요.”

글로바와 맛디아는 예수님 살아계심을 전하고자 서둘러 믿음의 형제
자매들이 있는 예루살렘 집으로 갔다.

베드로가 그들을 반갑게 맞으며,
"어서들 오시게 형제님들, 주님께서 내게 나타나셨네!
예수님께서 살아 계시다고!”

글로바가 베드로를 안으며,
"우리도 엠마오로 내려가는 길에 주님을 만났기에 이 기쁜 소식을 전하고
자 서둘러 돌아오는 길입니다.”

맛디아가 흥분한 목소리로,
"길에서 주님을 처음 뵐 때는 몰랐는데 주님께서 빵을 떼어 주시니 우리 눈
이 밝아져 주님이심을 알았습니다!”

글로바가 감격스러운 표정으로,

"주님께서 길을 가시며 우리에게 성경을 풀어주실 때 우리 마음은 여간 뜨거운 것이 아니었습니다.

주님께서 다시 사셨습니다, 할렐루야! 할렐루야!"

막달라 마리아가 환하게 웃으며,

"이제야 주님께서 살아계신다는 제 말을 다들 믿겠군요.

그런데 주님께서 지금 어디 계신지…."

예수님을 따르던 제자들과 사람들은 군병들에게 잡혀갈 것이 두려워 문을 잠그고 바깥출입을 조심하고 있었다.

그때 예수님께서 그들 가운데 오셔서,

"다들 잘 있었느냐?"

모두 깜짝 놀라고 무서워 주님을 유령으로 착각해 뒤로 물러서며,

"으악! 누, 누구세요? 누구세요?"

예수님께서 온화하신 표정으로 제자들을 두루 둘러보시며,

"어찌하여 두려워하며 의심하느냐?

내 손과 내 발을 보고 나를 만져 보아라.

영은 살과 뼈가 없으나 나는 이렇게 있지 않으냐."

예수님께서 이 말씀을 하시며 못 자국 난 손발과 창 자국 난 옆구리를 보여 주셨다.

제자들이 너무 놀랍고 기뻐서 어찌할 바를 모르며,
"주님! 주, 주님이시라고요? 주님 예수님이십니까?"

베드로가 손을 내밀며,
"주님, 만일 주님이시라면 제 손을 잡아 주세요!"

예수님께서 베드로 손을 잡으시며,
"여기 먹을 것이 좀 있느냐?"

베드로가 주님 손에 입 맞추고 얼굴을 비비며 울면서,
**"주님, 주님을 이렇게 다시 만질 수 있다니….
오, 주님, 나의 예수님…."**

안드레가 서둘러 구운 생선을 가져오며,
**"주님, 여기 마침 구운 생선이 있습니다.
천천히 많이 드세요, 주님."**

모두의 얼굴에는 눈물 섞인 웃음이 가득했고 예수님께서 제자들과 함께 음식을 잡수셨다.

예수님께서 다 잡수신 후 제자들을 사랑스럽게 보시며,
"내가 늘 말하기를 모세의 율법과 선지자의 글과 시편에서 나를 가리켜 기록된 것은 다 이뤄져야 한다고 했다."

제자들이 모두 고개를 끄떡이면서 한목소리로,
"네 주님, 주님께서 저희에게 그렇게 말씀하셨습니다."

예수님께서 손을 벌리시며,
"이제 그 기록된 것들은 너희가 보았듯이 내가 고난받고 죽었다가 3일 만에 다시 살아남으로써 다 이뤄졌다."

제자들이 모두 한목소리로,
"주님, 주님께서는 그리스도이시며 살아 계신 하나님의 아들이십니다."

"너희 모두에게 평강이 있기를 내가 원한다."

이 말씀을 하시고 제자들을 향하여 긴 숨을 내쉬시면서,
"너희는 성령을 받아라.
너희가 누구의 죄든지 용서하면 그들의 죄는 용서 받아 너희 마음에는 평강이 넘칠 것이다.
그러나 너희가 누구의 죄든지 용서하지 않으면 그들의 죄는 그대로 남아 너희 마음도 편치 않을 것이다."

제자들이 예수님의 말씀에 '**아멘**' 하며 무릎 꿇고 고개 숙여 경배드린 후 고개 드니 예수님께서 보이지 않으셨다. 제자들 마음에는 기쁨과 감격으로 가득했다. 예수님께서 오셨을 때 없었던 도마는 그 후에 돌아왔다.

베드로가 반갑게 맞이하며,
"도마! 자네가 없을 때 여기 있는 우리가 모두 다시 살아나신 우리 주님을 뵙고 구운 생선도 함께 먹었다네!"

안드레가 환히 웃으며,
"주님께서 이곳에 오셔서 못 자국 난 손발과 창 자국 난 옆구리를 보여 주셨네."

야고보가 상기된 표정으로,
"예수님께서 우리 모두에게 성령을 받으라고 하셨지.
이 얼마나 기쁘고 감사한 일인가!"

그러나 도마는 못 믿겠다는 표정으로,
"내가 직접 주님의 못 자국 난 손에 내 손가락을 넣고 주님의 창 자국 난 옆구리에 내 손을 넣지 않고는 나는 주님께서 다시 살아나셨다는 것을 믿을 수 없소!"

그로부터 8일 후 아직도 제자들은 군병들이 두려워 문을 잠그고 있었는데 도마도 같이 있었다.

그때 예수님께서 제자들이 있는 집 안 가운데 나타나셔서,
"다들 잘 있었느냐?"

예수님께서 도마에게 가셔서,
"도마야, 네 손가락을 내밀어 내 손바닥에 넣어 보고 네 손을 내밀어 내 옆구리에 넣어 봐라."

도마가 그 자리에 엎드려 주님께 경배드리며,
"주님! 오, 살아 계신 주님!
주님께서는 나의 주님이시며 나의 하나님이십니다!"

예수님께서 도마를 일으켜 안으시며,
"허허, 도마야, 너는 나를 눈으로 본 후에야 믿는구나."

예수님께서 제자들을 둘러보시며,
"너희는 잘 새겨들어야 한다.
이제부터 나를 보지 않고도 믿는 자는 복이 있다."

"네, 주님, 잘 알겠습니다."

제12막 재회   143

제자들이 대답하는 순간 또 예수님을 볼 수 없었다.

제자들이 깜짝 놀라며,
"주님! 주님! 어디에 계십니까…, 주님!"

베드로가 집안 이곳저곳을 살피며,
"주님! 주님! 어디 계세요?
주님, 저희와 함께 계시면 안 되나요…."

제자들은 예수님을 한동안 뵐 수 없자 예수님 말씀을 기억하여 갈릴리로 가기로 했다.

베드로가 하늘을 멍하니 바라보다가 벌떡 일어나서,
"주님께서 어디 계신지 모르니 찾아갈 수도 없고 이렇게 막연히 기다리고 있을 수도 없고.
나는 갈릴리로 가서 고기나 잡으며 예수님을 기다리는 것이 어떨까 싶은데…."

제자들도 일어나며,
"모두 함께 갑시다."

베드로가 아니라고 손을 저으며,

"몇 명은 여기에 남아 있는 것이 어떻겠소.
예수님께서 이곳에 언제 다시 오실 줄도 모르고 여인들도 이곳에 많이 있
으니 말이요."

베드로 제안에 따라 베드로, 안드레, 야고보, 요한, 도마, 빌립, 나다나
엘, 7명만 가기로 했다. 갈릴리 바다에 온 일곱 제자는 배를 타고 나가
서 밤새 그물을 내렸으나 아무것도 잡지 못했다. 그때 예수님께서는
나뭇가지를 주워 해변 한쪽에 숯불을 피우신 후 제자들을 기다리시며
생선을 구우셨다.

날이 밝아오자 베드로가 힘없는 목소리로,
"자, 이제 날도 밝아 오니 돌아가는 것이 좋겠소."

이때 예수님께서 해변에 서 계셨으나 아무도 못 알아봤다.

예수님께서 제자들에게 크신 소리로,
"얘들아! 고기 좀 잡았느냐!"

베드로가 누군지도 모르고 해변을 향해 큰 소리로,
"아무것도 못 잡았습니다! 밤새 헛수고만 했습니다!"

예수님께서 손을 크게 저으시며 크신 소리로,

"배 오른편에 그물을 던지면 고기가 잡힐 것이다!"

베드로가 접었던 그물을 배 오른편에 내리며,
"별일이네, 이 시간에 그물을 내리라니.
그렇다고 그물을 내리는 우리도 제정신 같지는 않고…."

*[제자들이 그물을 배 오른편에 내리자 물속에서 천사들이 큰 고기만
골라 그물 안으로 가득 몰아넣었다.]*

안드레가 내렸던 그물을 잡아 올리다가 깜짝 놀라며,
"아니, 왜 그물이 이렇게 무거운 거야?
요한, 그쪽은 어때?"

요한도 그물을 힘껏 들어 올리다가,
"이거 너무 무거워서 이대로 들어 올리면 그물이 찢어지니 이대로 해변까
지 끌고 가야 할 것 같아."

요한이 순간 해변 쪽을 바라보고 깜짝 놀라며,
"주님! 주님이시다! 우리 주님이시라고!"

베드로가 깜짝 놀라 잡고 있던 그물을 놓고,
"뭐! 주님이시라고? 우리 주님이시란 말이야?"

베드로는 얼른 벗었던 몸에 겉옷을 허리에 두르고 바다에 뛰어들어 백여 미터를 열심히 헤엄쳐 예수님께 갔다.

베드로가 허겁지겁 헤엄치며 예수님께 가면서,
"주님! 주님! 접니다! 저 베드로예요, 주님!
조금만 기다려 주세요, 주님!"

예수님께서도 베드로에게 첨벙첨벙 반갑게 걸어가서서 허겁지겁 헤엄쳐오는 베드로를 기쁘게 맞으셨다.

예수님께서 베드로를 안으시며,
"허허, 성격하고는.
나의 사랑하는 베드로야, 그동안 잘 지냈느냐?"

베드로가 주님 품에 얼굴을 묻고,
"주님, 주님 도대체 어디 계셨습니까?
주님, 어디에 계셨기에 아무리 찾아도 찾을 수도 없고 매일매일 기다려도
왜 오시질 않으셨습니까?"

베드로가 주님을 꼭 껴안으며,
"누가 주님을 잘 모시기라도 하나요?
식사는 어떻게 하고 계시고요…."

베드로는 주님 품에 안긴 체 눈물을 뚝뚝 떨어뜨렸다.

예수님께서 베드로 머리를 쓰다듬어 주시며,
"모두 밤새 고생이 많구나."

예수님 눈에도 눈물이 고였다.

베드로가 예수님 손도 잡아 보고 옆구리도 만지며,
"주님, 못에 찔리시고 창에 찔리신 데는 좀 어떻습니까?
제가 잘 모시질 못해 섭섭하셔서 자꾸만 떠나시는 겁니까?
주님….."

베드로는 북받치는 감정에 왈칵 울고 말았다.

예수님께서 베드로를 꼭 안아 주시고는 베드로 손을 잡고,
"내가 네게 왜 섭섭하겠느냐?
네 마음을 내가 모르면 그 누가 알겠느냐?
자, 다들 어서 오라고 해서 아침 먹도록 하자."

베드로가 한 손으론 예수님 팔을 꼭 잡고 다른 손으로 크게 휘저으며
소리쳐 제자들에게,
"어이! 다들 빨리 오라고! 우리 주님께서 기다리신다!"

베드로는 기쁨과 감격에 넘쳐 눈물이 가득한 얼굴로 예수님 팔을 두 손으로 꼭 잡고 물가로 나갔다. 물가에는 숯불이 있었고 그 위에 생선이 놓여 있는데 그 옆의 돌 위에는 예수님과 제자들이 충분히 먹을 따뜻한 빵도 있었다.

베드로가 깜짝 놀라며,
"아니 주님, 이 생선과 빵들은 다 어디서 나셨습니까?
허허 주님도 참, 아침은 저희가 준비해 드려야지요⋯."

제자들이 배를 물가에 대고 예수님께 뛰어오니 예수님께서 모두를 반갑게 맞으셨고 감격에 북받친 제자들은 울음을 터뜨렸다.

예수님께서 제자들을 안아 주시며,
"그동안 다들 잘 지냈느냐? 밤새 고생들이 많구나."

제자들이 눈물을 닦으며,
"주님, 그동안 어디 계셨습니까?"

"저희 모두가 얼마나 걱정했는지 모릅니다⋯."

제자들은 예수님을 붙잡고 울 뿐 어찌할 바를 몰랐다.

예수님께서 제자들을 쓰다듬어 주시며,
"자, 다들 불 가에 앉아 몸 좀 녹여라."

그래도 제자들이 기쁨과 놀라움에 어찌할 바를 모르자 예수님께서 물 가의 배를 가리키시며,
"자, 그만 울고 방금 잡은 생선이나 좀 가져오너라."

예수님 말씀에 베드로가 얼른 배 쪽으로 뛰어가 큰 생선 몇 마리를 바구니에 담아왔다.

베드로가 예수님께 생선을 보여 드리며,
"주님, 이것 좀 보세요.
주님께서 잡게 해 주신 크고 먹음직한 생선입니다.
허허, 십수 년 이곳에서 어부를 했어도 이렇게 큰 고기들은 처음 봅니다….."

안드레가 배를 가리키며,
"주님, 이렇게 큰 고기가 백 마리도 더 잡힌 것 같은데 그물은 찢어지지 않았습니다!"

[실은 많은 큰 고기들 무게를 그물이 못 견뎌 찢어지려고 하자 천사들이 배가 해변에 닿을 때까지 물밑에서 그물을 받쳐 찢어지지 않게 했다.]

요한이 환히 웃으며,

"주님, 저도 너무 놀라 얼른 세어보니 큰 고기가 무려 153마리나 잡혔습니다!"

예수님께서 고기를 받아 숯불 위에 올려놓으시며,
"허허, 고기를 많이 잡은 것이 다들 그리도 기쁘냐?
자, 다들 이리로 와서 따뜻하게 불가에 둘러앉아라.
밤새 추운 바다에서 고생들 많았는데 아침이라도 따뜻하게 먹어야지."

예수님께서 빵을 떼어 주시고 구운 생선도 제자들에게 나눠 주셨다.
다들 숯불 가에 둘러앉아 즐겁게 아침 식사를 했다. 얼마 후 식사가 끝나자 예수님께서 기뻐 어쩔 줄 모르는 베드로를 자상하게 보셨다.

예수님께서 베드로 손을 가볍게 잡으시고 제자들을 보시며,
"요한의 아들 시몬아, 너는 나를 다른 형제들보다 더 사랑하느냐?"

베드로가 자랑스러운 듯 다른 제자들을 보고 다시 예수님을 보며,
"네, 제가 주님을 사랑하는 줄 주님께서 잘 아십니다."

예수님께서 고개를 끄덕이시며 베드로를 사랑스럽게 보시고 또 제자들을 보시며,
"내 어린 양들을 잘 먹어야 한다."

예수님께서 그 자리에서 일어나셔서 남쪽을 바라보시며,
"요한의 아들 시몬아, 네가 나를 정말 사랑하느냐?"

베드로가 일어나 예수님 곁으로 가서,
"물론입니다, 주님, 제가 주님을 사랑하는 건 주님께서 잘 알고 계십니다."

예수님께서 왼손으로 어깨동무하시고 오른손으로 남쪽을 가리키시며,
"내 양들을 잘 돌봐야 한다."

예수님께서 베드로와 어깨동무 하신 채 천천히 걸으시며 동서남북 사방을 두루 가리키시면서,
"요한의 아들 시몬아, 너는 나를 사랑하느냐?"

예수님 눈에 어느덧 눈물이 고였다. 예수님께서 처음에는 제자들을 가리키시며 두 번째는 예루살렘과 온 유대와 사마리아 쪽을 가리키시며 그리고 세 번째는 온 사방을 가리키시며 너는 나를 사랑하느냐 하시면서 내 양들을 잘 먹이고 잘 돌보라고 부탁하시니 베드로는 만감이 교체됐다.

베드로는 숯불 앞에서 세 번씩이나 주님을 부인할 수밖에 없었던 자신에 대해 원망스럽고 슬펐으며 그런 자신에게조차 이토록 큰 사명을 주님께서 맡겨 주시니 너무나 죄송하고 과분했다. 그뿐만 아니라 주님께

서 너는 나를 사랑하느냐 하시는 말씀을 세 번씩이나 하시니 이는 주님의 양들을 자신에게 맡기고 떠나신다는 뜻으로 들려 베드로는 흐르는 눈물을 주체할 수 없었다.

베드로가 주님 품에 안겨 울며,
"주님, 주님께서는 모든 것을 다 잘 알고 계십니다.
제가 주님을 얼마나 사랑하는지 주님은 잘 아십니다….."

예수님께서 베드로를 안으시고 등을 두들겨 주시며,
"그래, 내가 네 마음을 모르면 누가 네 마음을 알겠느냐?
너는 내 양들을 잘 먹이며 잘 돌보아야 한다."

베드로는 주님 품에 안기어 울음을 터트리며.
"주님…, 주님….."

예수님께서 베드로 머리를 쓰다듬어 주시며,
"너는 내 말을 잘 들어야 한다.
네가 젊었을 때는 스스로 옷을 챙겨 입고 가고 싶은 곳을 다녔다."

예수님 눈에서 눈물이 떨어졌다. 베드로와 제자들이 복음을 전하며 얼마나 많은 고생을 해야 할지 잘 아시는 주님께서도 눈물을 참을 수 없으셨다.

예수님께서 천천히 하늘을 보시고 베드로를 보시며,
"그러나 네가 나이가 들면 너는 팔을 벌리고 다른 사람이 네게 옷을 입혀 네가 원치 않는 곳으로 데리고 간다."

예수님께서 다시 하늘을 보시며,
"그래도 너는 장차 너의 십자가를 통해 아버지의 영광을 크게 드러낼 것이다."

예수님께서 다시 베드로를 꼭 안으시며,
"너는 힘들더라도 내 형제들 곧 네 형제들과 함게 늘 아버지께 의지하고 기도하며 내가 갔던 길을 가야 한다."

예수님께서 제자들 하나하나 모두를 꼭 안아 주셨고 승천하시기 전에 제자들에게 복음을 전하는 귀한 사명을 주셨다.

예수님께서 양손을 하늘 향해 드시고 크신 소리로,
"나의 하나님, 너희의 하나님. 나의 아버지, 너희의 아버지께서 하늘과 땅의 모든 권세를 내게 주셨다.
그러므로 너희는 가서 모든 족속으로 제자 삼아라.
그리고 아버지와 아들과 성령의 이름으로 세례를 주며,
내가 너희에게 명령한 모든 것을 가르쳐 지키게 해라."

예수님께서 양손을 제자들에게 향하시며,
"보라, 내가 세상 끝날까지 너희와 항상 함께할 것이다!"

제자들은 모두 양손 들며 예수님을 향해 큰 소리로,
"아멘! 아멘! 아멘!"

예수님께서는 마리아와 같이 왔던 여인들, 베드로, 엠마오로 가던 두 제자 그리고 나머지 제자들과 많은 사람에게 부활하신 모습으로 나타나셨다. 그리고 예루살렘부터 땅끝까지 복음을 전하라는 큰 사명을 주셨다.

예수님께서 끝까지 사랑하여 주시며 큰 사명을 맡겨 주심에 감사 감격했던 제자들은 순교하기까지 맡겨 주신 사명에 충성을 다했다. 특히 베드로는 로마 박해를 피해 도망가는 도중에 예수님을 다시 뵙게 되자 로마로 다시 돌아가서 십자가에 거꾸로 매달려 순교했다는 기록이 있다.

예수님께서는 우리가 자신의 부족과 잘못과 죄를 인정하고 예수님께 돌아오면 우리를 위로와 격려로 품으시며 회복시켜 주시고 이전보다 더 큰 사명을 우리에게 맡기시는 참으로 좋으시고 은혜가 풍성하신 주 하나님이시다. 아멘.